CURRICULUM FOR TRADITIONAL DJEMBE & DUNUN

BOOK 1

**CURRICULUM
FOR TRADITIONAL
DJEMBE & DUNUN**

BOOK 1

MAMADY KEÏTA

MANDINGUE DJEMBE ACADEMY

"If only we all think like the djembe,

the world will not have so many problems.

Be happy. Be djembe. Be together."

MAMADY KEÏTA
Djembeföla

CURRICULUM FOR TRADITIONAL DJEMBE & DUNUN
BOOK 1
MAMADY KEÏTA

1st edition: April 2015
2nd edition: June 2016
3rd edition: January 2024

ISBN 978-1-943333-20-2

All rights reserved. No portion of the book may be reproduced, copied, transmitted or stored in any mechanical or electronic form without the written permission of the publisher.

TABLE OF CONTENTS

Foreword by Mamady Keïta — 6
Preface — 7
The Djembe — 8
The Dunun — 9
About The Notation — 10

Initiation & Circumcision Rhythms
Balakulandjan — 12
Soko — 14
Soli Rapide — 16
Soli Lent — 18
Soli Des Manian — 20
Toro — 22
N'goron — 24
Saa — 26

Rhythms about women
Moribayassa — 28

Popular traditional rhythms
Denadon — 30
Fankani — 32
Djagbe — 34
Fè 1 — 36
Tiriba — 38
Kuku — 40
Dallah — 42
Djole — 44
Sunun — 46
Dansa / Djansa — 48

Rhythms associated with professions
Seneföli — 50
Kassa — 52
Kassa Soro — 54
Namani — 56
Garange Don — 58

Warrior rhythm
Sofa — 60
Soliwoulen — 62
Konden 1 — 64
Sorsornet — 66
Kakilambe — 68

Rhythms by Mamady Keïta
Kanin — 70
Könö — 71
Liberte 2 — 72

Level Appraisement Rhythms — 74
Djembe Level 1 Pointers — 76
Djembe Level 2 Pointers — 78
Djembe Level 3 Pointers — 80
Dunun Level 1 Pointers — 82
Dunun Level 2 Pointers — 84
Dunun Level 3 Pointers — 85
Tam Tam Mandingue Djembe Academy
  Level Appraisement — 86

Western Notation — 87

FOREWORD

Traditional rhythms played with djembe and dunun patterns are not just musical elements for fun and recreation. These rhythms come with histories and tradition from the rich Mandingue culture of West Africa. For anyone playing the djembe, it is important that he or she learns it the correct way and be aware of its philosophy and discipline.

My devotion to preserve Mandingue music and culture has led me to create a detailed and comprehensive curriculum and a system of training teachers whom I endorse to pass on the knowledge to the rest of the world.

In doing so, it is to insure that the rhythms and information passed down to me from my lineage and my master Karinkadjan Kondé are preserved, shared, and taught to anyone who is interested in these instruments.

The djembe is an instrument without limits; it can coexist in traditional and modern settings. Whether you are a music educator, drum teacher, rhythm facilitator or performer using the djembe or dunun, I urge you to build your foundation in acquiring traditional rhythms and knowledge of these instruments in a progressive path. For it is only in this way that this craft can be preserved and can evolve to remain relevant for all future generations.

Mamady Keïta
President, Tam Tam Mandingue Djembe Academy

PREFACE

Since the creation of Tam Tam Mandingue in 1992, many of us have been inspired to learn from our founder and teacher, the great Mamady Keïta. Through the perfect blend of his mastery of the djembe and his systematic approach to teaching, we were able to find satisfaction learning from him. As we enter the new millennium where information is easily accessible, we began to see that it is not enough to just teach a rhythm and share its history. We face new challenges and needs that drove us to create a system, which we hope will address the following concerns that were shared among many of our teachers:

1) students tend to play rhythms they like/prefer without considering if the technical level is suitable for them. This means they could be playing technically challenging rhythms before their foundation is established. In most cases this results in weak technique being developed. Sometimes this can also lead to loss of confidence / interest in the djembe or dunun.
2) while the focus on teaching traditional djembe rhythms has always been its history and cultural stories, we mostly overlooked the fact that we are also responsible for our students' growth in skills and technique. Because of this oversight, at times we inevitably contributed to the undesired outcome mentioned in point 1.
3) for teachers who are teaching different level classes, there is a need to have a guiding structure to suggest suitable rhythms for the respective levels.

In continuing Mamady's legacy in the new millennium, it has become clear to us that providing a definitive direction for our students is more important than ever. Having an organized way of progressive learning means we not only focus on transmitting Mandingue culture, but we also care about nurturing our students' skill and dedication to this craft.

Thus, the aim of our curriculum book is to provide a structured learning system so as to facilitate healthy progression in technique and cultural knowledge. We hope this serves as a useful tool for learning traditional djembe and dunun rhythms. We do advise to learn from our certified teachers / instructors, as well, to fully understand the feel and technique required of the rhythms in this book.

All of us at Tam Tam Mandingue Djembe Academy thank you for believing in our system and dedication in promoting traditional djembe rhythms. In studying djembe we not only learn about rhythms, we also learn about values that come with these rhythms that were passed down from many generations ago. As Mamady would always say, "If only we all think like the djembe, the world will not have so many problems."

May the djembe serve you well.

KELVIN KEW
Vice President, Tam Tam Mandingue Djembe Academy

THE DJEMBE

The djembe is a goblet-shaped drum. Traditionally, it is made in one piece from a hollowed out tree trunk and is covered with a shaved goat skin. The tension on the skin is regulated with the rope that attaches the skin to the wood. A tighter skin will naturally produce a higher pitch and this is normally preferred by a soloist djembe drummer.

Genuine djembe drums are usually made from wood found in the Mandingue regions of Guinea, Mali, Burkina Faso, Gambia and Ivory Coast. The most commonly used woods from these regions are Lenke, Acajou, Djalla, Hare, Dugura, Iroko or Demba. As the demand for djembe drums grow rapidly, many djembes are also manufactured in Ghana, Nigeria, South Africa and in recent years, Indonesia as well. However, woods used in these countries are inferior in sound due to their lower density and hardness.

The djembe is played with hands and different tonalities can be produced with different hand positions, as well as the manner in which the hand strikes the skin. The three basic sounds that any djembe player should know how to produce are bass, tone and slap.

Mamady has explained that the djem-be has probably evolved from the mortar that women in the villages would use to prepare food. It was the village blacksmiths who later came up with the idea of adding an 'extended vertical body' to the mortar to create a drum which we now call djembe.

Bass

Tone

Slap

The above illustration only serves as a guide. As every individual's hands are different, one should consult a trusted teacher to be advised on the most appropriate position and angle for the hand.

Above: A Guinean woman using a mortar to grind sauce.

THE DUNUN

Traditional (horizontal) setup   *Ballet style setup*

The dunun are generally referred to as bass drums which come in a set of 3 sizes, each with a metal bell attached. A dunun drum has a cylindrical body carved in one piece from a tree trunk and covered on both ends with cowhide.

A typical djembe ensemble would consist of a dunun set and 2 or more djembe. The interplay of the 3 different sized dunun produces a 'drum melody' which is accompanied by cyclical rhythms from the djembe. The dununs' 'drum melody' also acts as a groove for the djembe soloist to apply his/her solo phrases. In most cases, the medium sized dunun (Sangban) holds the heart of the rhythm, the large dunun (Dunumba) provides power and the small dunun (Kenkeni) completes the drum melody. When the dunun are played, the bells (also known as Kenken) that are attached to them are played as well.

Traditionally, dunun drums are played horizontally. Each dunun player will play the kenken (a metal bell attached to every dunun) with a small piece of stone, coin or metal stick held by his left hand. His right hand will be holding a drumstick that is to be played on one side of the Kenkeni/Sangban/Dunumba, where it can produce an open sound with a hit on the drum skin and a mute sound when the tip of the drumstick is press against the drum skin.

Dunun drums can also be played vertically and this is usually applies for drum groups accompanying ballet troupes and is known as ballet style dunun. For this setup, only 1 dunun player is required and it is up to the player to decide how to apply the interplay of the 3 dunun drum parts into one combined part. It is important to note that this setup is not traditional.

ABOUT THE NOTATION

B	Bass for djembe.
O	Tone for djembe & open tone for dunun.
X	Slap for djembe and muted tone for dunun.
OO	Flam tone for djembe.
XX	Flam Slap for djembe.
BX	Flam technique in the sequence of bass followed by slap for djembe.
X	Kenken (dunun bells) hits.
R	Right hand.
L	Left hand.
Signal	The rhythm played by the teacher/lead player to start or stop the ensemble.
Djembe 1	The 1st djembe accompaniment rhythm of a drum song. The same term with the respective number is used for 2nd, 3rd and 4th djembe accompaniment rhythm.
𝄆	Beginning point of repeating cycle.
𝄇	Ending point of repeating cycle.
∧	Starting point of rhythm.

FURTHER EXPLANATION:

Time moves from left to right.

For djembe,

1	e	&	a	2	e	&	a
X			B	X		X	
R			L	R		R	

The 1st row shows you how time is to be counted, which in the entire book, should be counted verbally as "1", "e", "and", "a" and so forth. Every counted syllable represents one subdivision of time, or pulse. As we usually clap our hands or tap our feet for time, the pulse where we clap or tap is represented by the shaded boxes, which is what we naturally call the 'on beat' or 'down beat'. And inside this shaded boxes should only be a numeric figure, which would state the pulse / count number of a rhythm. The 2nd row shows the sound to be played on the djembe where B means Bass, O means Tone and X means Slap. Also, you can see that underneath each sound is a small letter of 'R' or 'L', which tells you which hand you should be playing for that respective sound.

For dunun,

1	e	&	a	2	e	&	a
x		x	x		x	x	
		O	O			X	

The 1st row, like djembe notation, shows you the time structure. The many small 'x' figures you see in the 2nd row represent the hits on the kenken (the bells on top of sangban. kenkeni & dunumba) that are to be played in accordance with the time count in the 1st row. Underneath some of the x figures there are 'O' and "X" figures which represent open and mute sounds respectively, to be played on the dunun skin. These are played in their respective time count, together with the 'x' figures above them.

INITIATION & CIRCUMCISION RHYTHMS

BALAKULANDJAN

Malinke ethnic group

Balakulandjan is the name of the song that is sung with this rhythm. It is played traditionally for baptisms and circumcisions.

Kouroussa Region, Northeast Guinea

BALAKULANDJAN

	1	e	&	a	2	e	&	a	3	e	&	a	4	e	&	a
Signal	OO		O	O		O		O	O		X	X	X			

	1	e	&	a	2	e	&	a	3	e	&	a	4	e	&	a
Djembe 1	X			X	X		O	O	X			X	X		O	O
	R			L	R		R	L	R			L	R		R	L
Djembe 2	B		O	O			X				O	O			X	
	R		R	L			R				R	L			R	

	1	e	&	a	2	e	&	a	3	e	&	a	4	e	&	a
Sangban	x	-	x	-	x	-	x	-	x	-	x	-	x	-	x	-
	X				X				X		O		O			
											^					
Kenkeni	x	-	x	-	x	-	x	-	x	-	x	-	x	-	x	-
	O				O				O				O			
Dunumba	x	-	x	x	-	x	x	-	x	-	x	x	-	x	x	-
	O						O		O						O	
															^	

INITIATION & CIRCUMCISION RHYTHMS

SOKO

Malinke ethnic group

This rhythm is played three months before the date of circumcision. After this date is set by the elders of the village, the young boys of the village who are to be circumcised travel together to other villages to announce to their extended family members the date of their circumcision. Every time they arrive at a village and announce the date to their families, the families organize the dance of Soko and Kalah for them on that same night.

Faranah Region, Central Guinea

INITIATION & CIRCUMCISION RHYTHMS

SOKO

	1	&	a	2	&	a	3	&	a	4	&	a
Signal	OO	O		O	O		O			O		

	1	&	a	2	&	a	3	&	a	4	&	a
Djembe 1	X		O	X			X		O	X		
	R		R	L			R		R	L		
Djembe 2	X	X	X	O	O	X		X	X	O	O	
	R	R	L	R	L	R		R	L	R	L	

	1	&	a	2	&	a	3	&	a	4	&	a
Sangban (top)	x/X	x	-	x/X	x	-	x	x/O	-	x	x/O	-
Sangban (bottom)	x/X	x	-	x/X	x	-	x/X	x	-	x	x/O	-
Kenkeni	x/X	x	-	x	x/O	-	x/X	x	-	x	x/O	-
Dunumba (top)	x/O	-	x	x	-	x	x/O	x/O	-	x	x/O	-	x
Dunumba (bottom)	x/O	-	x	x	-	x	x	x/O	-	x	x/O	-	x

INITIATION & CIRCUMCISION RHYTHMS

SOLI RAPIDE

Malinke ethnic group

The rhythm Soli starts to be played three months before the day of the circumcision ceremony for the young boys. Soli is played each month leading up to the circumcision (but not every day), until one week before the ceremony. In this final week, Soli is played every night. The night before the circumcision, Soli is played all night long until the next morning. When the villagers receive the announcement that the circumcision went well and everyone is fine, they stop playing Soli.

Northeast Guinea

INITIATION & CIRCUMCISION RHYTHMS

SOLI RAPIDE

	1	&	a	2	&	a	3	&	a	4	&	a
Signal	OO		O	O		O	O		O	O		O

	1	&	a	2	&	a	3	&	a	4	&	a
Djembe 1	X		O	X			X		O	X		
	R		R	L			R		R	L		

Djembe 2	X		X	O	X	O	X			X	O	O
	R		L	R	L	R				L	R	L

	1	&	a	2	&	a	3	&	a	4	&	a
Sangban	x / O	-	x	- / X	x	- / X	x	-	x	x / O	-	x

Kenkeni	-	x	x	-	x / O	x / O	-	x	-	x	x / O	x / O

Dunumba	x / O	-	x	x / O	-	x	x	-	x / O	x / O	-	x / O

INITIATION & CIRCUMCISION RHYTHMS

SOLI LENT

Malinke ethnic group

Like Soli Rapide, Soli Lent is played during the ceremony for the circumcision of the young boys. Mamady uses the words 'lent' and 'rapide' to differentiate the rhythms. In French, 'lent' means slow and 'rapide' means fast. Soli Lent is a binary rhythm and Soli Rapide is a ternary rhythm. Traditionally it is the women who begin the music by starting to sing. If they sing the song for Soli Lent, it is this rhythm that is played. If they sing the song for Soli Rapide, the rhythm Soli Rapide would be played instead. Often, the singers use Soli Lent so the older women can dance. They sing Soli Rapide so the young adults (men and women) can dance.

Northeast Guinea

INITIATION & CIRCUMCISION RHYTHMS

SOLI LENT

	1	e	&	a	2	e	&	a	3	e	&	a	4	e	&	a
Signal	OO		O	O			O			O	O		X	X	X	

	1	e	&	a	2	e	&	a	3	e	&	a	4	e	&	a
Djembe 1	B	O	O		X	O	O		B	X			X			
	R	R	L		R	L	R		R	L			R			
Djembe 2	X		X	X	O	O	X		B	X	X		O		O	
	R		L	R	R	L	R		R	L	R		R		L	

	1	e	&	a	2	e	&	a	3	e	&	a	4	e	&	a
Sangban	X/O	-	X	-	X/O	-	X	-	X/O	-	X/X	-	X/O	-	X	-
Kenkeni	X/O	-	X	X	-	X/O	X	-	X/O	-	X	-	X/O	-	X^	-
Dunumba (high)	X	-	X	X	-	X	X	-	X	-	X/O	-	X	-	X	-
Dunumba (low)	X	-	X	X	-	X	X	-	X	-	X/O	-	X/O	-	X	-

19

INITIATION & CIRCUMCISION RHYTHMS

SOLI DES MANIAN

Manian ethnic group

Before Mamady recorded his CD *Mogobalu*, most people outside Guinea knew only the version of Soli from the Malinke ethnic group. Mamady named this rhythm Soli des Manian to differentiate it from Soli as played by the Malinke people. After the release of Mogobalu, Mamady began teaching this rhythm and it became known around the world.

Beyla & Kérouané region, Forest Guinea

INITIATION & CIRCUMCISION RHYTHMS

SOLI DES MANIAN

	1	&	a	2	&	a	3	&	a	4	&	a
Signal	OO	O	O	O	O		O	O		O		

	1	&	a	2	&	a	3	&	a	4	&	a
Djembe 1	B	O	O	B	O		B	O	O	B	X	
	R	L	R	L	R		R	L	R	L	R	

Djembe 2	X		O			O	X			O	O	
	R		R			L	R			R	L	

	1	&	a	2	&	a	3	&	a	4	&	a
Sangban	x	x	-	x	x	-	x	x	-	x	x	-
	X				O		X				O	

Kenkeni	x	-	x	-	x	x	-	x	-	x	-	x
	X				O	O		O		O		

Dunumba	x	-	x	-	x	x	-	x	-	x	-	x
	O											
	x	-	x	-	x	x	-	x	-	x	-	x
												O
												^

INITIATION & CIRCUMCISION RHYTHMS

TORO

Malinke ethnic group

This is a rhythm traditionally played for initiation. After the boys were circumcised they would go to a camp outside the village with a *Séma*, an adult who was responsible for the boys during this time and who would initiate them. In the old days, this generally took place in a bush area known as *Fafa*. A long time ago, the practice was that these young boys would stay for three months in the camp. They stayed there so they could be taken care of during the healing process after their circumcision. This would also be the period where the *Séma* initiated the boys into the necessary rules and regulations for becoming an adult. The boys would also learn about plants, animals and various basic skills such as hunting, fishing and building houses. On a certain day, after dinner, the children would sing and play the *Wassamba* (an instrument that is made from pieces of calabash) to give thanks to the mentors who were initiating them. The rhythm Toro comes from this instrument and this tradition.

Northeast Guinea

INITIATION & CIRCUMCISION RHYTHMS

TORO

Signal

1	e	&	a	2	e	&	a	3	e	&	a	4	e	&	a
OO			O		O			O			O	O	X	X	X

Djembe 1

1	e	&	a	2	e	&	a	3	e	&	a	4	e	&	a
X		B		X		X		X				B	X		X
R		L		R		R		R				L	R		R

O	O			B		X		X				B	X		X
R	L			L		R		R				L	R		R

Start from 1st row, followed by 2nd row and repeat 2nd row only as shown.

Djembe 2

1	e	&	a	2	e	&	a	3	e	&	a	4	e	&	a
X				X	X		O	O	X			X	X		O	O
R				L	R		R	L	R			L	R		R	L

Sangban

1	e	&	a	2	e	&	a	3	e	&	a	4	e	&	a
x	x	-	x	x	-	x	-	x	-	x	-	x	x	-	x	-
O	O			X		X		X				O	O		

| x | x | - | x | x | - | x | - | x | - | x | - | x | x | - | x | - |
| O | O | | | X | | X | | X | | | | X | X | | |

Kenkeni

x	-	x	x	-	x	x	-	-	-	-	-	x	x	-	x	x	-
		O	O			X				O	O			X		

Dunumba

x	x	-	x	x	-	x	-	x	-	x	x	-	x	x	-
O	O									O	O		O	O	

| x | x | - | x | x | - | x | - | x | - | x | - | x | - | x | - |
| O | O | | | | | | | | | | | | | | |

INITIATION & CIRCUMCISION RHYTHMS

N'GORON

Senufo ethnic group

This rhythm is played for the dance of the young girls after their initiation. This is a big celebration for the Senufo. The girls dance this rhythm with a calabash on their heads. The name of the dance is N'Goron.

North Ivory Coast & frontier of Burkina Faso

INITIATION & CIRCUMCISION RHYTHMS

N'GORON

Signal

1	e	&	a	2	e	&	a	3	e	&	a	4	e	&	a
OO		O		O				O		O		X	X	X	

Note: Traditionally for N'goron, the starting point, as marked in Djembe 1, Sangban and Dunumba is to be commenced only after the entire signal is played. Djembe 2 and Kenkeni begin later, entering on the 3rd consecutive dunumba hit.

Djembe 1

1	e	&	a	2	e	&	a	3	e	&	a	4	e	&	a
X				B	X	X	X					B	X	X	
R				L	R	L	R					L	R	L	

1	e	&	a	2	e	&	a	3	e	&	a	4	e	&	a
X								X	X	OX		X	X	OX	
R								R	L	RL		R	L	RL	

Djembe 2

1	e	&	a	2	e	&	a	3	e	&	a	4	e	&	a
X		X	X	O	O	X				X	X	O		O	
R		L	R	R	L	R				L	R	R		L	

Sangban

1	e	&	a	2	e	&	a	3	e	&	a	4	e	&	a
x	-	x	x	-	x	x	-	x	-	x	x	-	x	x	-
		O	O			X				O	O			X	

x	-	x	x	-	x	x	-	x	-	x	x	-	x	x	-
		O	O			X				O				O	

Kenkeni

1	e	&	a	2	e	&	a	3	e	&	a	4	e	&	a
x	-	x	-	x	-	x	-	x	-	x	-	x	-	x	-
O				O				O				O			

Dunumba

1	e	&	a	2	e	&	a	3	e	&	a	4	e	&	a
x	-	x	x	-	x	x	-	x	-	x	x	-	x	x	-
O															

x	-	x	-	x	-	x	-	x	-	x	-	x	-	x	-
								O				O			

INITIATION & CIRCUMCISION RHYTHMS

SAA

Malinke ethnic group

This rhythm is dedicated to the person who does the circumcision for young boys. Usually, this person is the blacksmith. When Soli is played, Saa is played as well and the circumciser would dance along with the others.

Faranah Region, Central Guinea

INITIATION & CIRCUMCISION RHYTHMS

SAA

Signal

1	&	a	2	&	a	3	&	a	4	&	a
OO		O	O			O	O		O	O	

Djembe 1

1	&	a	2	&	a	3	&	a	4	&	a
X		O	X			X		O	X		
R		R	L			R		R	L		

Djembe 2

1	&	a	2	&	a	3	&	a	4	&	a
X			X	O	X	X			X	O	O
R			L	R	L	R			L	R	L

Sangban

1	&	a	2	&	a	3	&	a	4	&	a
x	-	x	x	-	x	x	-	x	x	-	x
O						O			O		
x	-	x	x	-	x	x	-	x	x	-	x
O						X			O		

Kenkeni

1	&	a	2	&	a	3	&	a	4	&	a
x	-	x	x	-	x	x	-	x	x	-	x
O			O			O			O		

Dunumba

1	&	a	2	&	a	3	&	a	4	&	a
x	-	x	x	-	x	x	-	x	x	-	x
O						O			O		
x	-	x	x	-	x	x	-	x	x	-	x
						O			O		

RHYTHMS ABOUT WOMEN

MORIBAYASSA

Malinke ethnic group

When a woman wished for something important that came true, she would organize a dance in the village called Moribayassa to celebrate this joy. As she circled the village three to seven times singing and dancing, she would be accompanied by one or more musicians. The women of the village would follow her and sing as well. After the dance, the woman would bury the old and torn clothes she wore for the dance under a mango tree. In Mamady's village, Balandugu, this mango tree is called Moribayassa. Whatever the woman wished for is usually a big problem such as an illness in the family or childlessness. She would had exhausted all her resources but to no solution, and that would be when she took the vow and said, "when this huge difficulty is over, I will dance Moribayassa". In the older days, this vow was so significant that a woman could only take it once in her life.

Northeast Guinea

RHYTHMS ABOUT WOMEN

MORIBAYASSA

Signal

1	e	&	a	2	e	&	a	3	e	&	a	4	e	&	a
O O		O		O				O		O		X	X	X	

Djembe 1

1	e	&	a	2	e	&	a	3	e	&	a	4	e	&	a
B	O	O	B	X		B		O	O	B		X			
R		R	L	R		R		R	L	R		R			

Djembe 2

X		X	X	O	O	X		X	X		O	O	
R		L	R	R	L	R		L	R		R	L	

Sangban

1	e	&	a	2	e	&	a	3	e	&	a	4	e	&	a
x	-	x	-	x	-	x	-	x	-	x	-	x	-	x	-
O				X				X		O		O		O	

Kenkeni

x	-	x	-	x	-	x	-	x	-	x	-	x	-	x	-
O				O				O				O			

Dunumba

x	-	x	x	-	x	x	-	x	-	x	x	-	x	x	-
O						O		O						O	

POPULAR TRADITIONAL RHYTHMS

DENADON

Malinke ethnic group

Denadon is played to introduce the Mendiani dancers at Mendiani festivities. Mendiani is a rhythm and dance of the virgins, in Malinke context this refers to young girls aged between 6 to 13 years old. During the Mendiani festivity Mendiani dancers, with their traditional costume, would be carried by young men on their shoulder to the centre of the village. Upon arriving, they would be welcomed by the drummers with the rhythm Denadon. The drummers' rhythm would change to Mendiani the moment the young men lower themselves to let Mendiani dancers' feet touch the ground.

POPULAR TRADITIONAL RHYTHMS

DENADON

Signal

1	e	&	a	2	e	&	a	3	e	&	a	4	e	&	a
O O		O		O				O		O		X	X	X	

Djembe 1

1	e	&	a	2	e	&	a	3	e	&	a	4	e	&	a
X		B	O	O		X	X	B		O		O			
R		L	R	R		R	L	L		R		R			

1	e	&	a	2	e	&	a	3	e	&	a	4	e	&	a
X	X	B	O	O		X	X	B		O		O			
R	L	L	R	R		R	L	L		R		R			

Start from 1st row, followed by 2nd row and repeat 2nd row only as shown.

Djembe 2

1	e	&	a	2	e	&	a	3	e	&	a	4	e	&	a
X		X	X	O	O	X		X	X	O	O				
R		L	R	R	L	R		L	R	R	L				

Sangban

1	e	&	a	2	e	&	a	3	e	&	a	4	e	&	a
x	-	x	x	-	x	x	-	x	-	x	x	-	x	x	-
				X				X				O	O		O

(^ accent under beat 3)

Kenkeni

1	e	&	a	2	e	&	a	3	e	&	a	4	e	&	a
x	-	x	-	x	-	x	-	x	-	x	-	x	-	x	-
O				O				O				O			

Dunumba

1	e	&	a	2	e	&	a	3	e	&	a	4	e	&	a
x	x	-	x	-	x	x	-	x	-	x	-	x	-	x	-
O	O					O		O							

POPULAR TRADITIONAL RHYTHMS

FANKANI

Malinke ethnic group

Fankani is played at all popular celebrations. At times it is also played to celebrate the welcoming of important visitors. Only the women dance Fankani, and they dance individually as there are no established steps and courses.

Wassolon region at Mandiana, Northeast Guinea

POPULAR TRADITIONAL RHYTHMS

FANKANI

	1	e	&	a	2	e	&	a	3	e	&	a	4	e	&	a
Signal	OO		O	O			O			O	O		X	X	X	

	1	e	&	a	2	e	&	a	3	e	&	a	4	e	&	a
Djembe 1	X		X	X	B		X		O		O	X	B			
	R		L	R	R		R		R		L	R	R			

Djembe 2	X		X	X	O		O	X			X	X			O	O
	R		L	R	R		L	R			L	R			R	L

	1	e	&	a	2	e	&	a	3	e	&	a	4	e	&	a
Sangban	x	-	x	x	-	x	-	x	-	x	x	-	x	x	-	
					O		O		O	O		X				
	x	-	x	x	-	x	-	x	-	x	x	-	x	x	-	
					X				O	O		X				

Kenkeni	x	x	-	x	x	-	x	-	x	x	-	x	x	-	x	-
	O	O			X				O	O		X				

Dunumba	x	-	x	-	x	-	x	-	x	x	-	x	x	-	x	-
													O			
	x	-	x	-	x	-	x	-	x	x	-	x	x	-	x	-
					O								O			

POPULAR TRADITIONAL RHYTHMS

DJAGBE

Malinke ethnic group

The rhythm Djagbe accompanies the popular circle dance that is danced by men and women together. This dance can be seen at popular events such as Tabaski festival and full moon celebration. In the Hamanah region of Kouroussa, this rhythm is known as Djagba and in Mali, it is called Madan.

Wassolon region, Northeast Guinea

POPULAR TRADITIONAL RHYTHMS

DJAGBE

	1	e	&	a	2	e	&	a	3	e	&	a	4	e	&	a
Signal	O O		O	O			O			O	O		X	X	X	

	1	e	&	a	2	e	&	a	3	e	&	a	4	e	&	a
Djembe 1	X		X	X	O		O	X	B		X	X			O	O
	R		L	R	R		L	R	R		L	R			R	L

Djembe 2	B		O	O			X				O	O			X	
	R		R	L			R				R	L			R	

	1	e	&	a	2	e	&	a	3	e	&	a	4	e	&	a
Sangban	x	-	x	x	x	-	x	x	x	-	x	x	x	-	x	x
	X						O	O			O	O			X	

Kenkeni	x	-	x	x	x	-	x	x	x	-	x	x	x	-	x	-
	O						O				O				O	
														^		

Dunumba	x	-	x	x	x	-	x	x	x	-	x	x	x	-	x	-
						O	O						O			

POPULAR TRADITIONAL RHYTHMS

FÈ 1

Malinke ethnic group

Fè, which means gourd in Malinke, is a rhythm that is played to accompany a dance in which young girls each hold a gourd in their hands as they dance. The Fè dance is known to be spectacular in its choreography. Many times Fè is also played and danced to welcome people. This rhythm varies in each village where it is played. Mamady teaches three versions of Fè from three different villages. The rhythm here is referred to as Fè 1 to distinguish it from the other two Fè rhythms Mamady teaches.

Northeast Guinea

POPULAR TRADITIONAL RHYTHMS

FÈ 1

	1	e	&	a	2	e	&	a	3	e	&	a	4	e	&	a
Signal	O O		O		O				O	O			X	X	X	

	1	e	&	a	2	e	&	a	3	e	&	a	4	e	&	a
Djembe 1	X		X				O	O	X		X				O	O
	R		L				R	L	R		L				R	L
Djembe 2	X		X	X			O	O	X		X	X			O	O
	R		L	R			R	L	R		L	R			R	L

	1	e	&	a	2	e	&	a	3	e	&	a	4	e	&	a
Sangban	X x	-	x	x	X x	-	x	x	O x	-	x	x	X x	-	x	x

Sangban bass line: X - - - X - - - O - - X - - X - - O(^) - -

Kenkeni	x	-	x	-	x	-	x	-	x	-	x	-	x	-	x	-
	O				O				O				O			

Dunumba	x	-	x	x	-	x	x	-	x	-	x	-	x	-	x	-
									O		O		O		O	

POPULAR TRADITIONAL RHYTHMS

TIRIBA

Landuma ethnic group

Tiriba's story, or the context for which it is played, has changed over time and there have been three distinct periods. A very long time ago, the Landuma people had a dancer who they called Tiriba when he was dressed in his dance costume. Each dry season Tiriba would assemble a group of percussionists to travel with him to present his dance in the villages. He did not do this to earn money. He just liked to dance to entertain villagers. After his show he would usually receive gifts from villagers. After Tiriba passed on there were no more Tiriba dancers. The women began to use this rhythm to celebrate the initiation of their daughters, as mothers and daughters danced together. Today Tiriba has become very popular in West Guinea. It is danced and played in all popular celebrations.

Boke & Boffa region, West Guinea

Copyright © TAM TAM Mandingue International

POPULAR TRADITIONAL RHYTHMS

TIRIBA

	1	&	a	2	&	a	3	&	a	4	&	a
Signal	OO	O		O	O	O		O	O		O		

	1	&	a	2	&	a	3	&	a	4	&	a
Djembe 1	B	X	O		X		B	X		B	X		
	R	L	R		L		R	L		R	L		

Djembe 2	B			O	X		B			O	X		
	R			L	R		R			L	R		

Djembe 3	B		X	B	O	O	B	X		B	O	O	
	R		R	L	R	L	R	L		L	R	L	

	1	&	a	2	&	a	3	&	a	4	&	a
Sangban	x X	x	-	x O	x	-	x X	x	-	x O^	x	-
Kenkeni	x O	x O	- X	x	x	-	x O	x O	-	x X	x	-
Dunumba	x O	x	-	x	x O	-	x O	x	-	x	x	-

39

POPULAR TRADITIONAL RHYTHMS

KUKU

Manian (Forest Guinea) & Koyaka (Ivory Coast) ethnic groups

Originally, Kuku was played as the women danced with their fishing nets after they had come back from fishing. Today Kuku is a popular rhythm played at all kinds of festivals including full moon celebrations. Initially, there were no dunun used for this rhythm. It was played on three different djembes, one of which was tuned low.

Southeast Guinea border with Ivory Coast

POPULAR TRADITIONAL RHYTHMS

KUKU

	1	e	&	a	2	e	&	a	3	e	&	a	4	e	&	a
Signal	OO		O		O				O		O	O	X	X	X	

	1	e	&	a	2	e	&	a	3	e	&	a	4	e	&	a
Djembe 1	B	O	O				X		B	O	O				X	
	R	R	L				R		R	R	L				R	

Djembe 2	O	O		X	O	X			O	O		X	O	X		
	R	L		L	R	R			R	L		L	R	R		

Djembe 3 Mamady's creation	BO		O	O	B	X	X		BO		O	O	B	X	X	
	R L		R	L	R	L	R		R L		R	L	R	L	R	

Djembe 4 Mamady's creation	O		O	O		XX	X		X	X				X		
	R		R	L		R L	R L		R L	R L				R		
	B	O	O				X		B	O	O				OO	
	R	R	L				R		R	R	L				R L	

	1	e	&	a	2	e	&	a	3	e	&	a	4	e	&	a
Sangban	x	-	x	x	-	x	x	-	x	-	x	x	-	x	x	-
	O				X				O			O			X		O

Kenkeni	x	x	-	-	x	x	-	-	x	x	-	-	x	x	-	-
	O	O			O	O			O	O			O	O		

Dunumba	x	-	x	-	x	-	x	-	x	-	x	-	x	-	x	-
			O										O		O	
	x	-	x	x	-	x	-	x	-	x	-	x	-	x	-	
	O		O													

POPULAR TRADITIONAL RHYTHMS

DALLAH

Malinke ethnic group

In Malinke, Dallah means pond. In Malinke villages, fishing in ponds is only allowed once a year and only the elders would fix the date for this event. On the night before this event, the villages that are near the pond would organise a party. The rhythm Dallah is thus played at this party to signify that everyone is allowed to fish at this pond.

Northeast Guinea

POPULAR TRADITIONAL RHYTHMS

DALLAH

	1	e	&	a	2	e	&	a	3	e	&	a	4	e	&	a
Signal	O O		O		O			O		O			X		X	X

	1	e	&	a	2	e	&	a	3	e	&	a	4	e	&	a
Djembe 1		O		O		X		X		O		O		X		X
		R		L		R		L		R		L		R		L
Djembe 2	X		X	X	O	O	X		X	X			O		O	O
	R		L	R	L	R			L	R			L		R	L

	1	e	&	a	2	e	&	a	3	e	&	a	4	e	&	a
Sangban	x	-	x	x	-	x	x	-	x	-	x	-	x	-	x	-
	O		O	O					X				O		O	
	x	-	x	x	-	x	x	-	x	-	x	-	x	-	x	-
	O		O	O					X		X					
Kenkeni	x	-	x	-	x	-	x	-	x	-	x	-	x	-	x	-
	O				O				O				O			
Dunumba	x	-	x	x	-	x	x	-	x	-	x	x	-	x	x	-
	O				O		O						O			

43

POPULAR TRADITIONAL RHYTHMS

DJOLE

Temine & Mandenyi ethnic groups

Djole is a mask dance where the mask represents the face of a woman, but is danced by a male dancer. The original instruments used for this dance were 4 square drums of various sizes called *siko*. It was the Mandenyis who brought this rhythm to Conakry. Since then, Djole has become a very popular rhythm, played at celebration events such as weddings, baptisms, harvest, end of Ramadan, and welcoming ceremonies, just to name a few.

Southwest Guinea, border of Sierra Leone & Guinea

POPULAR TRADITIONAL RHYTHMS

DJOLE

	1	e	&	a	2	e	&	a	3	e	&	a	4	e	&	a
Signal	O O		O	O		O			O		O	O	X	X	X	

Djembe 1

	1	e	&	a	2	e	&	a	3	e	&	a	4	e	&	a
	B		O	O	B		X	X	B		O	O	B		X	X
	R		R	L	R		R	L	R		R	L	R		R	L

Djembe 2

	1	e	&	a	2	e	&	a	3	e	&	a	4	e	&	a
	B		O	O					B				O	O	O	O
	R		L	R					R				R	L	R	L
	O		O	O					B				O			
	R		L	R					R				R			

Sangban

	1	e	&	a	2	e	&	a	3	e	&	a	4	e	&	a
	x	-	x	-	x	-	x	-	x	-	x	-	x	-	x	-
	X						O		X						O	

Kenkeni

	-	-	x	x	-	-	x	x	-	-	x	x	-	-	x	x
			O	O			O	O			O	O			O	O

Dunumba

	x	-	x	-	x	-	x	-	x	-	x	-	x	-	x	-
	O								O							

POPULAR TRADITIONAL RHYTHMS

SUNUN

Kassounké ethnic group

This is a popular rhythm played at all popular festivities. Sometimes young girls compete while dancing this rhythm to prove who is the best dancer.

Kayes region, Mali

POPULAR TRADITIONAL RHYTHMS

SUNUN

	1	e	&	a	2	e	&	a	3	e	&	a	4	e	&	a
Signal	OO		O	O		O			O		O	O	X	X	X	

	1	e	&	a	2	e	&	a	3	e	&	a	4	e	&	a
Djembe 1	O		X	X	X		O	O	X	X	B		X		O	
	R		R	L	R		L	R	R	L	R		R		L	

Djembe 2	X				X	X	O	O	X				X	X	O	O
	R				L	R	R	L	R				L	R	R	L

	1	e	&	a	2	e	&	a	3	e	&	a	4	e	&	a
Sangban	x	-	x	x	-	x	x	-	x	-	x	x	-	x	x	-
	O						O		O						O	

Kenkeni	x	-	x	-	x	-	x	-	x	-	x	-	x	-	x	-
	O						O				O				O	

Dunumba	x	-	x	x	-	x	x	-	x	-	x	x	-	x	x	-
	O		O	O			X				X		X		O	

POPULAR TRADITIONAL RHYTHMS

DANSA / DJANSA

Kassounké ethnic group

This is a popular rhythm played at all popular festivities.

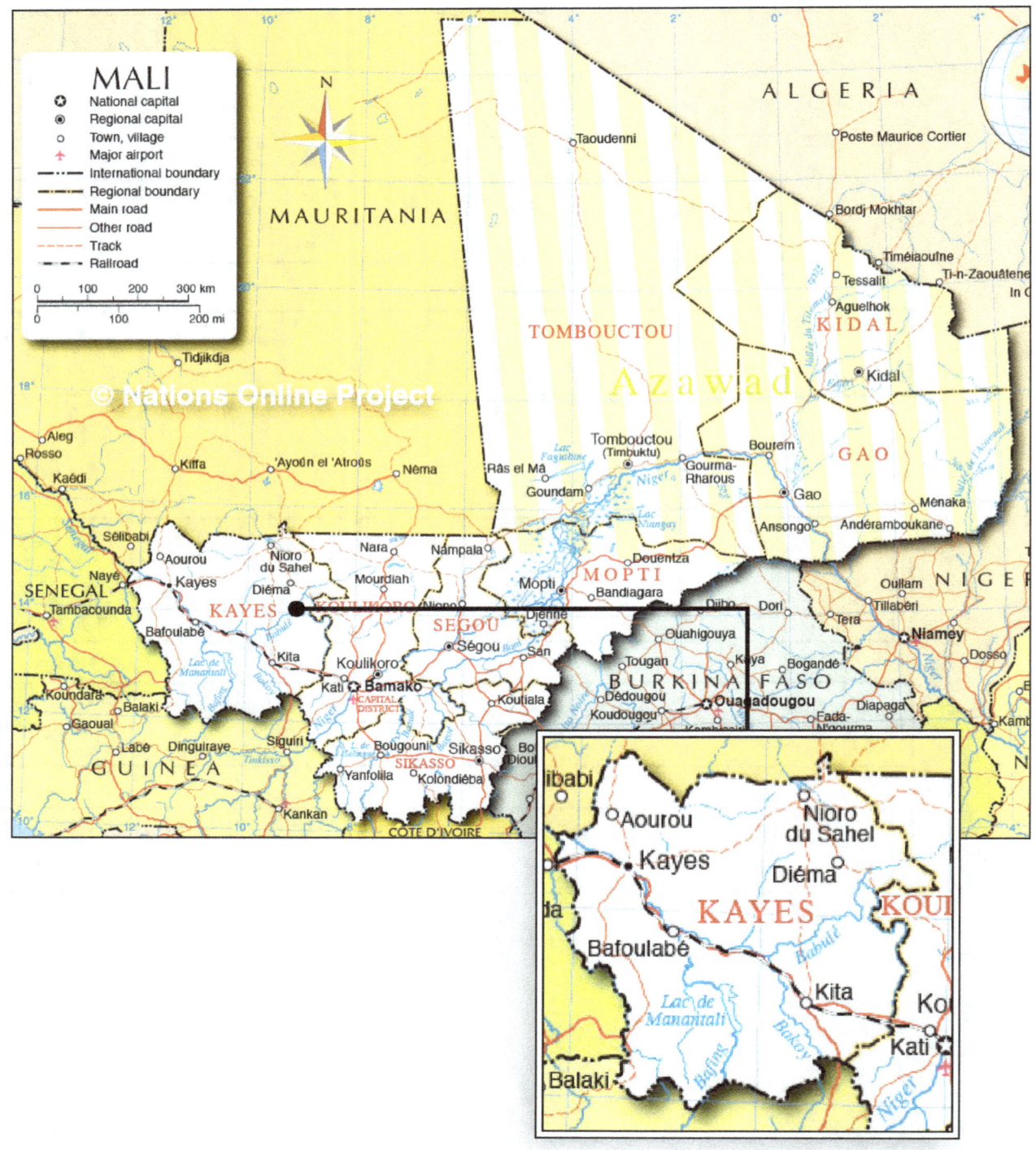

Kayes region, Mali

POPULAR TRADITIONAL RHYTHMS

DANSA / DJANSA

	1	e	&	a	2	e	&	a	3	e	&	a	4	e	&	a
Signal	O O		O	O			O			O	O		X	X	X	

	1	e	&	a	2	e	&	a	3	e	&	a	4	e	&	a
Djembe 1	X	X		X	X		O	O	X		B		X	B	O	O
	R	L		L	R		R	L	R		R		R	L	R	L

| | | | | | | | | | | | | | | ^ | | |

| Djembe 2 | X | | X | X | | O | O | X | | | | | X | X | O | O |
| | R | | L | R | | R | L | R | | | | | L | R | R | L |

	1	e	&	a	2	e	&	a	3	e	&	a	4	e	&	a
Sangban	x O	-	x	x O	-	x	x O	-	x	-	x X	-	x O	-	x	-

| Kenkeni | x O | - | x | x | - | x O | x O | - | x | - | x | - | x O | x O | x | - |

| Dunumba | x X | - | x | x | - | x | x X | - | x O | - | x | - | x | - | x | - |
| | x X | - | x | x | - | x | x O | O | x | - | x O | O | x | - | x | - |

RHYTHMS ASSOCIATED WITH PROFESSIONS

SENEFÖLI

Malinke ethnic group

Seneföli is a rhythm that accompanies farmers' work in the fields.

Northeast Guinea

RHYTHMS ASSOCIATED WITH PROFESSIONS

SENEFÖLI

	1	e	&	a	2	e	&	a	3	e	&	a	4	e	&	a
Signal	O	O		O		O			O		O	O	X		X	X

	1	e	&	a	2	e	&	a	3	e	&	a	4	e	&	a
Djembe 1	X		O	O	X		X		X		O	O	X		X	X
	R		R	L	R		L		R		R	L	R		L	
Djembe 2	X		X	X		O	O	X					X	X	O	O
	R		L	R		R	L	R					L	R	R	L

	1	e	&	a	2	e	&	a	3	e	&	a	4	e	&	a
Sangban	x	-	x	x	-	x	x	-	x	x	-	x	x	-	x	-
	O						X		X				O			
Kenkeni	x	-	x	x	-	x	x	-	x	x	-	x	x	-	x	-
	X		O	O					X		O	O				
Dunumba	x	-	x	x	-	x	x	-	x	-	x	x	-	x	x	-
	O						O		O						O	

RHYTHMS ASSOCIATED WITH PROFESSIONS

KASSA

Malinke ethnic group

This rhythm is traditionally played for farmers to encourage them as they work in the fields. In Malinke, *Kassa* means granary. It is there that the corn is placed after the harvest.

Northeast Guinea

RHYTHMS ASSOCIATED WITH PROFESSIONS

KASSA

Signal

1	e	&	a	2	e	&	a	3	e	&	a	4	e	&	a
O	O			O		O			O		O	X	X	X	

Djembe 1

1	e	&	a	2	e	&	a	3	e	&	a	4	e	&	a
O	O	X	X		X	X	O		X	X	B		X	X	
R	L	R	L		R	L	R		L	R	L		R	L	

Djembe 2

1	e	&	a	2	e	&	a	3	e	&	a	4	e	&	a
X		X	X		O	O	X		B	X	X		O	O	
R		L	R		L	R	L		R	L	R		L	R	

Sangban

1	e	&	a	2	e	&	a	3	e	&	a	4	e	&	a
x	-	x	x	-	x	x	-	x	x	-	x	x	-	x	-
X			O		X			X			O	X			

Kenkeni

1	e	&	a	2	e	&	a	3	e	&	a	4	e	&	a
x	x	-	x	x	-	x	x	-	x	x	-	x	x	-	x
O	O		X			X		O	O		X		X		

Dunumba

1	e	&	a	2	e	&	a	3	e	&	a	4	e	&	a
x	-	x	x	-	x	x	-	x	x	-	x	x	-	x	-
O		O	O					O	O		O		O		

RHYTHMS ASSOCIATED WITH PROFESSIONS

KASSA SORO

Malinke ethnic group

Like Kassa, Kassa Soro is a rhythm played for farmers and in fact, it is a variation of Kassa. In Malinke, *Kassa* means granary and *Soro* means fetish. Traditionally, musicians would be playing Kassa as the farmers work in the fields. During this time, if they saw that one of the farmers had a fetish that actually made him work faster, this is when they would play Kassa Soro.

Northeast Guinea

RHYTHMS ASSOCIATED WITH PROFESSIONS

KASSA SORO

Signal

1	e	&	a	2	e	&	a	3	e	&	a	4	ə	&	a
O O		O		O				O		O		X	X	X	

Djembe 1

1	e	&	a	2	e	&	a	3	e	&	a	4	ə	&	a
O	O	X	X		X	X	O	O	X	X	B		X	X	
R	L	R	L		R	L	R	L	R	L	R		R	L	

Djembe 2

X				X	X		O	O	X		B	X	X	O	O
R				L	R		R	L	R		R	L	R	R	L

Sangban

1	e	&	a	2	e	&	a	3	e	&	a	4	e	&	a
x	-	x	x	-	x	x	-	x	-	x	-	x	-	x	-
O		O			O							O		O	
x	-	x	-	x	-	x	-	x	-	x	-	x	-	x	-
				X				O		O					

Kenkeni

x	-	x	-	x	x	-	x	-	x	-	x	-	x	-	x
O	O		X			X		O	O		X		X		

Dunumba

x	-	x	-	x	-	x	-	x	-	x	-	x	-	x	-
								O				O			
x	-	x	-	x	-	x	-	x	-	x	-	x	-	x	-
				O				O							

RHYTHMS ASSOCIATED WITH PROFESSIONS

NAMANI

Malinke ethnic group

Namani is a rhythm that accompanies farmers' work in the fields. The dance which this rhythm accompanies is called *Namadon*.

Northeast Guinea

NAMANI

	1	&	a	2	&	a	3	&	a	4	&	a
Signal	OO		O	O		O	O		O	O		

	1	&	a	2	&	a	3	&	a	4	&	a
Djembe 1	X		O	X			X		O	X		
	R		R	L			R		R	L		
Djembe 2	X			X	O	O	X			X	O	O
	R			L	R	L	R			L	R	L

	1	&	a	2	&	a	3	&	a	4	&	a
Sangban	x	-	x	x	-	x	x	-	x	x	-	x
	O				X		X			O		
Kenkeni	x	-	x	x	-	x	x	-	x	x	-	x
			O			O			O			O
Dunumba	x	-	x	x	-	x	x	-	x	x	-	x
	O								O	O		O
									^			

RHYTHMS ASSOCIATED WITH PROFESSIONS

GARANGE DON

Bambara ethnic group

Garange Don is the dance of the shoe makers and the name of the rhythm accompanying this dance is called *Garangefoli*. In earlier times, the shoe makers formed their own caste and people could only marry within their own caste. During their weddings, Garange Don would be played.

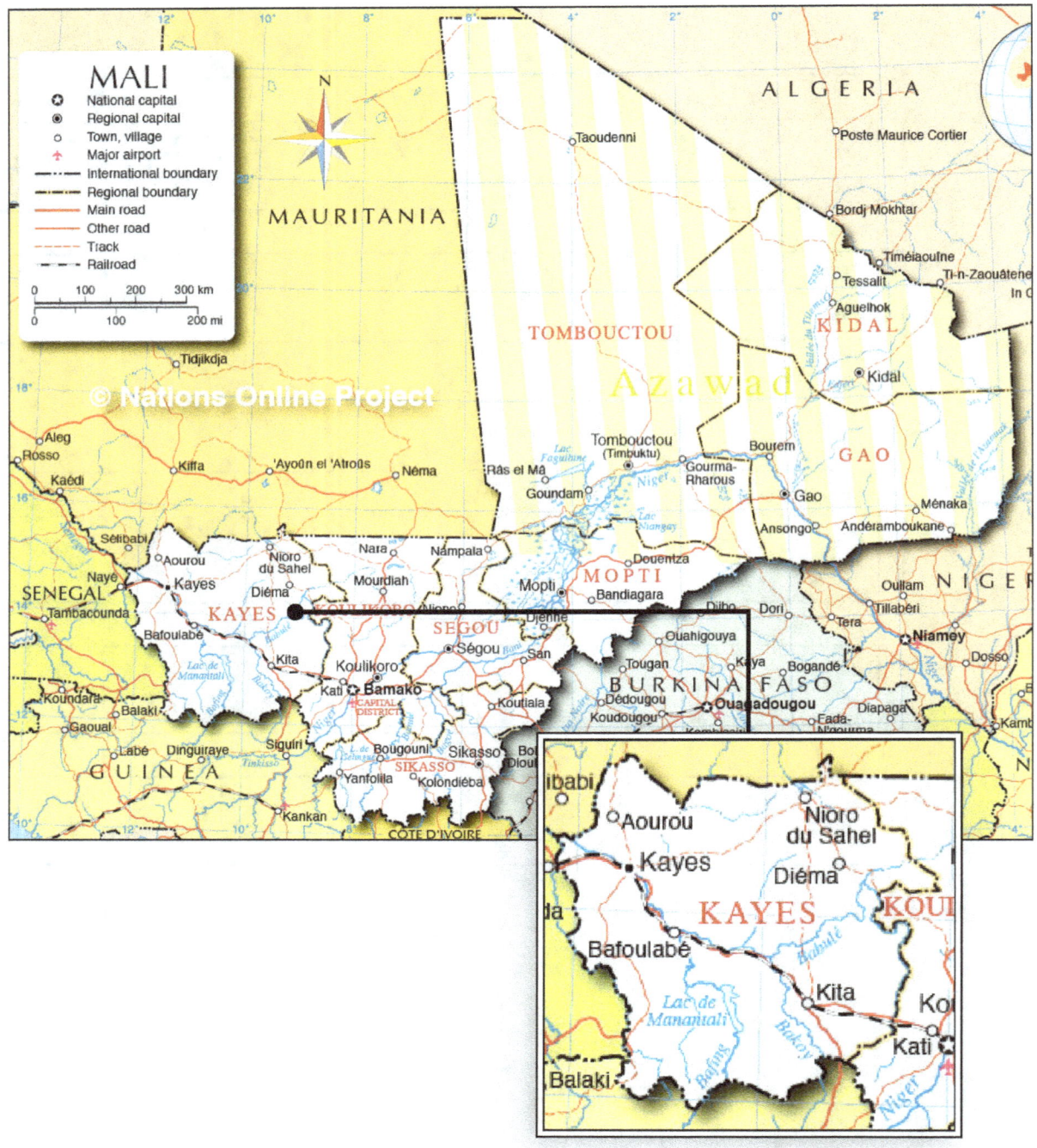

Kayes region, Mali

RHYTHMS ASSOCIATED WITH PROFESSIONS

GARANGE DON

Signal

1	&	a	2	&	a	3	&	a	4	&	a
OO		O		O		O	O		O		O

Djembe 1

1	&	a	2	&	a	3	&	a	4	&	a
B		X			X			X			X
R		R			L			R			L

B	X	O	X	O	O	X	O	O	X		X
R	R	L	R	L	R	L	R	L	R		L

Djembe 2

X	O	X				X		O	X		
R	R	L				R		R	L		

Djembe 2

X			X	O	O	X			X	O	O
R			L	R	L	R			L	R	L

Sangban

1	&	a	2	&	a	3	&	a	4	&	a
x	-	x	x	-	x	x	-	x	x	-	x
O		X			O			X			O

Kenkeni

x	-	x	x	-	x	x	-	x	x	-	x
			O		O				O		O

Dunumba

x	-	x	x	-	x	x	-	x	x	-	x
O			O						O	O		O
x	-	x	x	-	x	x	-	x	x	-	x
O		O									O

WARRIOR RHYTHM

SOFA

Malinke ethnic group

This is a special rhythm for the warriors. In the history of the Malinke there were many wars among the tribes. Sofa would be played before the war for the warriors on horseback. It would also be played after the war for those who won. Originally, Sofa was played with an instrument called *Bolon*, which is a melodic instrument made from a round calabash and 3 cords. The sound of the Bolon is comparable to the contrabass. The Bolon would be played by *griots* who knew the history of the warriors and had also sung praises of the wars and warriors for generations. Sofa is no longer played in the villages because there are no more celebrations for warriors. Famoudou Konate and Mamady Keïta teach Sofa so its story and tradition are not forgotten.

Northeast Guinea

WARRIOR RHYTHM

SOFA

Signal	1	e	&	a	2	e	&	a	3	e	&	a	4	e	&	a
	O O		O	O			O			O	O		X	X	X	

Djembe 1	1	e	&	a	2	e	&	a	3	e	&	a	4	e	&	a
	O	O	X	X			X		O		O		X	B		X
	R	L	R	L			R		R		L		L	R		R

Djembe 2																
	X				X	X			O	O	X			X	X		O	O
	R				L	R			R	L	R			L	R		R	L

Sangban	1	e	&	a	2	e	&	a	3	e	&	a	4	e	&	a
	x	x	-	x	x	-	x	x	x	-	x	x	x	-	x	-
	O	O			X				O		O		X			

Kenkeni	x	-	x	x	-	x	x	x	-	x	x	x	-	x	x	-
			O	O		X				O	O		X			

Dunumba	x	-	x	x	-	x	x	x	-	x	x	x	-	x	x	-
						O		O			O		O			O	

MASK RHYTHMS

SOLIWOULEN

Malinke ethnic group

In the village, Soliwoulen refers to the fetish master who is able to drive away bad spirits. In Malinke, *Soliwoulen* means "Red Panther." When the fetish master dances, the Soliwoulen mask and costume he would wear would be red. There can only be one Soliwoulen in the region and one cannot be a Soliwoulen if he is not initiated.

Northeast Guinea

MASK RHYTHMS

SOLIWOULEN

	1	e	&	a	2	e	&	a	3	e	&	a	4	e	&	a
Signal	OO		O		O				O		O	O	X	X	X	

	1	e	&	a	2	e	&	a	3	e	&	a	4	e	&	a
Djembe 1	X		X	X		X	O	O	X		X	X		X	O	O
	R		L	R		L	R	L	R		L	R		L	R	L

Djembe 2	X		X	X			O	O	X		X	X		X	O	O
	R		L	R			R	L	R		L	R		L	R	L

	1	e	&	a	2	e	&	a	3	e	&	a	4	e	&	a
Sangban	x	-	x	x	-	x	-	x	x	-	x	x	-	x	-	x
	O		O	O			O		X		O	O		O		

Kenkeni	x	-	x	-	x	-	x	-	x	-	x	-	x	-	x	-
	O						O				O				O	

Dunumba	x	-	x	-	x	-	x	-	x	-	x	-	x	-	x	-
	O						O		O						O	

MASK RHYTHMS

KONDEN 1
Malinke ethnic group

Konden is one of the most popular masks for the Malinke. This rhythm is played for the dance of the Konden mask. In the dance, the mask dancer would be holding his whip, which would usually be a thin branch with leaves. He would walk quickly and try to hit young men with his whip. The villagers love to play Konden when there are visitors to the village as they like showing Konden to them. Centuries ago, the mask was only accompanied by singing and clapping. Later, the older men became interested in this game and they started playing djembe and dunun to accompany Konden. Mamady teaches two versions of Konden. The rhythm here is referred to as Konden 1, from the Wassolon region.

Wassolon region, Northeast Guinea

MASK RHYTHMS

KONDEN 1

Signal

Djembe 1

Djembe 2

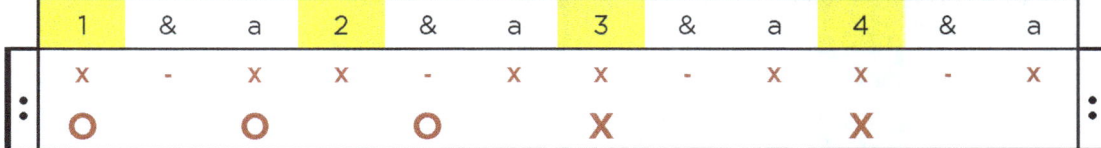

Sangban

Kenkeni

Dunumba

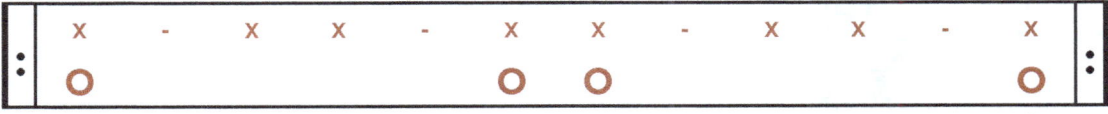

MASK RHYTHMS

SORSORNET
Baga ethnic group

The Sorsornet mask is a mask against evil. It is also revered as protector of the village. This rhythm is played when the Sorsornet mask is brought to the village to cure a severe problem. Today, Sorsornet is a popular rhythm played widely and anyone can dance to it.

Boke region, West Guinea

MASK RHYTHMS

SORSORNET

Signal

1	&	a	2	&	a	3	&	a	4	&	a
O	O	O	O	O	O	O	O	O	X	X	

Break

X	X	X		X	X	X		X	X	X	
x	x	x	-	x	x	x	-	x	x	x	-
O	O	O		O	O	O		O	O	O	

X	X	X		O		O		O		O	
x	x	x	-	x	-	x	-	x	-	x	-
O	O	O		X		X		X		X	

1	&	a	2	&	a	3	&	a	4	&	a

Djembe 1

X		O	X			X		O	X		
R		R	L			R		R	L		

Djembe 2

X			X	O	O	X			X	O	O
R			L	R	L	R			L	R	L

Djembe 2

X	X	X	X	O	O	X	X	X	X	O	O
R	L	R	L	R	L	R	L	R	L	R	L

1	&	a	2	&	a	3	&	a	4	&	a

Sangban

x	-	x	-	x	-	x	-	x	-	x	-
X				O		X				O	

Kenkeni

x	-	x	x	-	x	x	-	x	x	-	x
			O			O			O		

Dunumba

x	x	x	-	x	-	x	-	x	x	x	-
O	O	O							O	O	O

x	x	x	-	x	-	x	-	x	-	x	-
O	O	O									

MASK RHYTHMS

KAKILAMBE

Baga ethnic group

Kakilambe is known to have been the most important spiritual mask of the Baga. Its rhythm is played every year when the mask appears from the forest to the people in the village. This would be the time when the mask would make important revelations about the present and the future. A priest of the mask would interpret this information, for the mask does not speak directly to the people. The Baga people look to Kakilambe as their god. Thus, it is a big day when the Kakilambe mask appears and everybody would come to listen. When everyone bowed, the mask would grow up to a height of five meters tall. Ropes are attached to the mask with the other end of each rope held by a member of each family. The Kakilambe mask is also known to fight bad spirits in order to to protect the villagers and their harvests. Today, Kakilambe is no longer played in villages but Mamady teaches this rhythm so its story and tradition are not forgotten.

Boke region, West Guinea

Copyright © TAM TAM Mandingue International

MASK RHYTHMS

KAKILAMBE

	1	&	a	2	&	a	3	&	a	4	&	a
Signal	OO	O		O	O		O			O		

	1	&	a	2	&	a	3	&	a	4	&	a
Djembe 1	B			O	X		B			O	X	
	R			L	R		R			L	R	
Djembe 2	B			O	X		B	O		O	X	
	R			L	R		R	L		R	L	R

	1	&	a	2	&	a	3	&	a	4	&	a
Sangban	x X	x	-	x O	x O	-	x X	x	-	x O	x O	-
Kenkeni	x O	x O	-	x X	x	-	x O	x O	-	x X	x	-
Dunumba	x O	-	x	- O	x	-	x O	-	x	-	x	- O
	x O	-	x	-	x	-	x	-	x	-	x	- O

69

Copyright © TAM TAM Mandingue International

RHYTHMS BY MAMADY KEÏTA

KANIN
created by Mamady Keïta

In Malinke, *Kanin* means friendship.

	1	e	&	a	2	e	&	a	3	e	&	a	4	e	&	a
Signal	X X		O	O		O	O			O			X	X	X	

Djembe 1:

	1	e	&	a	2	e	&	a	3	e	&	a	4	e	&	a
	O		O	O			X X	X		X X		X			X	
	R		R	L			R L	R		R L		R			R	
	B		O	O				X		B		O			O	O O
	R		R	L				R		R		R		L		R L

Djembe 2:

	1	e	&	a	2	e	&	a	3	e	&	a	4	e	&	a
	X			X	X			O	O	X			X X			O O
	R			L	R			R	L	R			L R			R L

	1	e	&	a	2	e	&	a	3	e	&	a	4	e	&	a
Sangban	x	-	x	x	-	x	x	-	x	-	x	x	-	x	x	-
						O	O		X					O	O	X
Kenkeni	x	-	x	-	x	-	x	-	x	-	x	-	x	-	x	-
	O				O				O				O			
Dunumba	x	-	-	x	x	-	x	-	x	-	x	x	-	x	x	-
	O				O	O			O		O					
	x	-	x	-	x	x	-	x	-	x	x	-	x	x	-	
															O	

KÖNÖ

created by Mamady Keïta

Könö means "bird" in Malinke. One day as Mamady was walking in the forest in Guinea, he heard the simultaneous singing of three birds. The sound of the birds' singing inspired Mamady to create this rhythm. Mamady expressed that he sees the creation of this rhythm as a gift from nature.

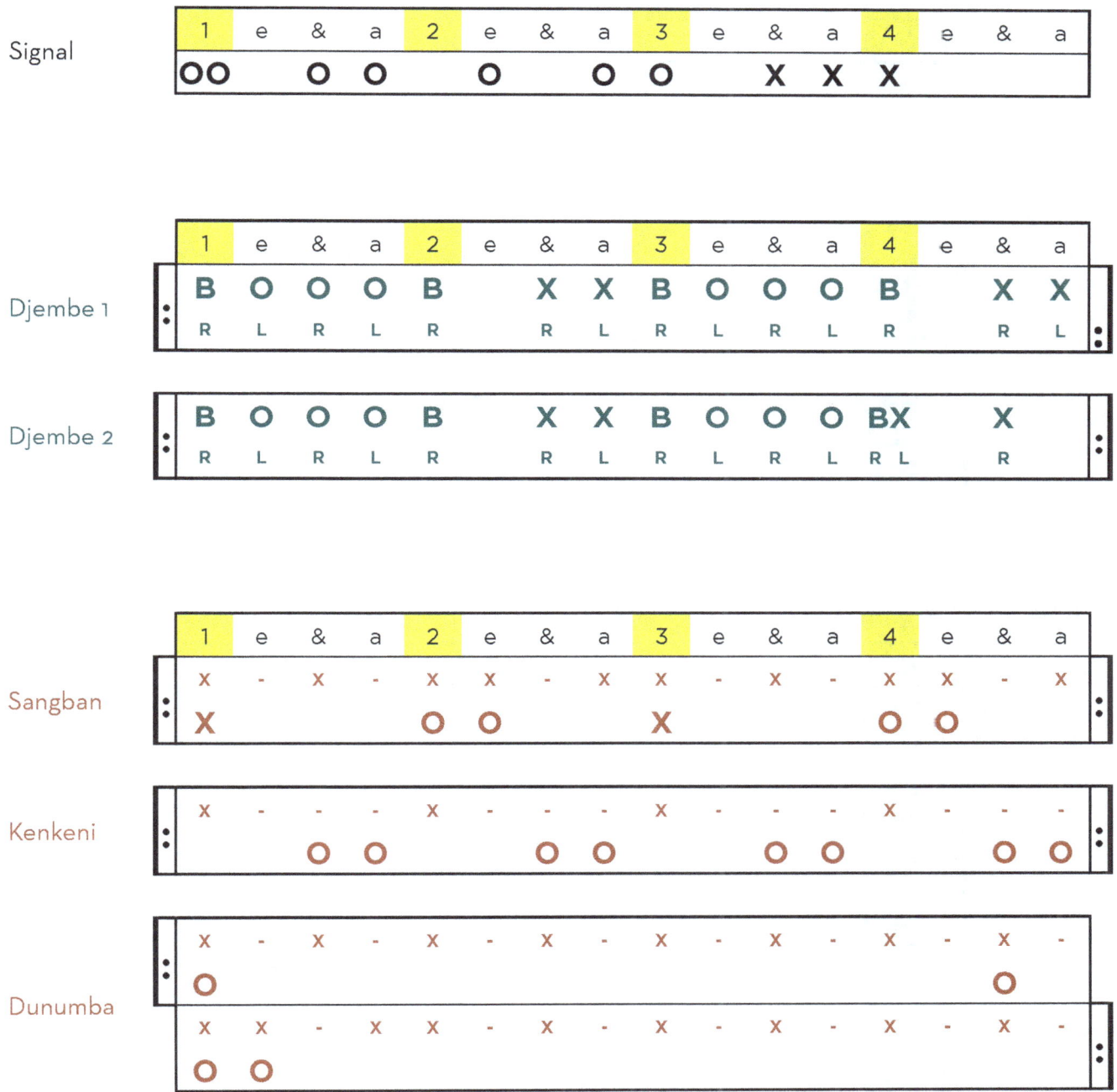

RHYTHMS BY MAMADY KEÏTA

LIBERTE 2
created by Mamady Keïta

Mamady created this rhythm for "Ballet Liberté", a group from Conakry, at the National Festival during the year of independence in Guinea.

Signal

1	e	&	a	2	e	&	a	3	e	&	a	4	e	&	a
X	O	O	X	O	O	X	O	O	X	O	O	X			

Djembe 1

1	e	&	a	2	e	&	a	3	e	&	a	4	e	&	a
X	X	X	X			B	O	B		X	X			B	O
R	L	R	L			L	R	R		R	L			L	R

1	e	&	a	2	e	&	a	3	e	&	a	4	e	&	a
B		X	X			B	O	B		X	X			B	O
R		R	L			L	R	R		R	L			L	R

Djembe 2

1	e	&	a	2	e	&	a	3	e	&	a	4	e	&	a
X		O	O					X		O	O				
R		L	R					R		L	R				

Sangban

1	e	&	a	2	e	&	a	3	e	&	a	4	e	&	a
x	-	x	x	-	x	-	x	x	-	x	x	x	-	x	-
X		O	O					X		O	O				

Kenkeni

1	e	&	a	2	e	&	a	3	e	&	a	4	e	&	a
x	-	x	x	-	x	-	x	x	-	x	-	x	-	x	-
X						O		X						O	

Dunumba

1	e	&	a	2	e	&	a	3	e	&	a	4	e	&	a
x	-	x	x	-	x	x	-	x	-	x	x	-	x	x	-
O								O							

1	e	&	a	2	e	&	a	3	e	&	a	4	e	&	a
x	-	x	x	-	x	x	-	x	-	x	x	-	x	x	-
O						O		O							

LEVEL APPRAISEMENT RHYTHMS

LEVEL APPRAISEMENT RHYTHMS

TTM's level appraisement is a system to help students establish a progressive direction in studying traditional rhythms. The rhythms selected for this system help to build foundation in technique and rhythmic feel. As the student advances through each incremental level, they may choose to meet with a TTM teacher who can evaluate their progress and help the student focus on their individual strengths, as well as areas for continued practice and growth.

LEVEL APPRAISEMENT DIAGRAM

BEGINNER			INTERMEDIATE (Djembe & Dunun)			ADVANCED (Djembe & Dunun)	
Djembe							
1	2	3	4	5	6	7	8
Balakulandjan	Kuku	Sunun	N'Goron	Woima	Dunungbe	Konowoulen 1	Konowoulen 2
Moribayassa	Fè 1	Dansa	Kassa Soro	Kontemuru	Korofola	Zaouli 1, 2, 3, Zaouli 4	Yankadi Traditional Solo
Senefòli	Soliwoulen	Sofa	Dallah	Maraka Don	Konden 2		
Denadon	Djagbe	Kassa	Samakoro	Djaa 1	Konkoba 1	Kuku Traditional Solo	Soboninkun w/Traditional Solo
Toro	Fankani	Soli des Manian	Dibon	Djaa 2	Konkoba 2		
Djole	Soko	Kakilambe	Lamban / Djeli Don	Yankadi	Bao	Mendiani w/Traditional Solo	Soko Traditional Solo
Soli Rapide	Soli Lent	Sorsornet w/break	Mamaya	Makru w/ break & call	Djagbewara		Wassolonka w/Traditional Solo
			Kawa	Dansa Traditional Solo	Abondan	Djabara w/ Traditional Solo	
Dunun			Tiriba		Kotedjuga w/Traditional Solo		Soli des Manian w/ Traditional Solo
1	2	3	Garange Don w/Traditional Solo	Soli Rapide Traditional Solo			
Moribayassa	N'Goron	Fankani					
Djole	Soliwoulen	Djagbe					
Soli Lent	Toro	Senefòli					
Sofa	Kassa	Soli Rapide					
Fè 1	Dansa	Sorsornet w/ break					
Kuku	Denadon	Konden 1					
Garange Don	Kakilambe	Tiriba					
		Soko					

Rhythms in levels 1 to 3 of both djembe and dunun are included in this book. This section of the book provides pointers for students when studying level 1–3 rhythms.

UNDERSTANDING TERNARY AND BINARY RHYTHMS

Ternary rhythms are what western notation refers to as 12/8 rhythms. Binary rhythms are what western notation refers to as 4/4 rhythms. For traditional ternary rhythms, we further group them into Ternary 1 and Ternary 2. Although both types of ternary rhythm have the same type of notation and count, they are different in feel.

Ternary 1 rhythms usually have this rhythm as the signal:

1	&	a	2	&	a	3	&	a	4	&	a
OO		O	O			O	O			O	O

Examples of Ternary 1 rhythms are Soli Rapide and Konden.

Ternary 2 rhythms usually have this rhythm as the signal:

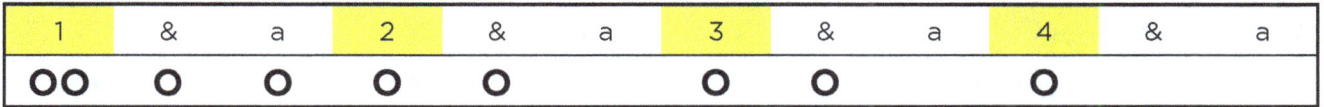

Examples of Ternary 1 rhythms are Soko and Kakilambe.

Note: *The flam notation shown here is only a guide. In the Ternary 1 signal, the technique for pulse 1 is a flam. In the Ternary 2 signal, the two tones on the first pulse are not actually a flam, but are played with more space between them. It is necessary to learn from our teachers to play these two different signals correctly.*

Binary rhythms usually have this rhythm as the signal.

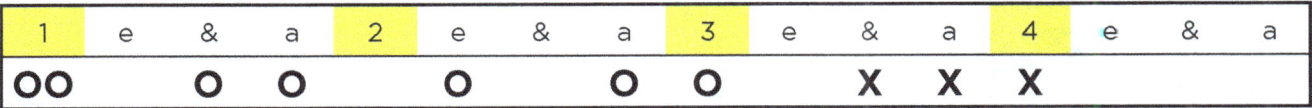

Examples of Binary rhythms are Moribayassa and Denadon.

Note: *Most rhythm signals we use today are not traditional. Most of them were evolved in West Africa to mark starting point for dancers or drummers playing in an ensemble.*

LEVEL APPRAISEMENT RHYTHMS

DJEMBE LEVEL 1 POINTERS

Rhythms	Ethnic	Region	Type	Feel
Soli Rapide	Malinke	Northeast Guinea	Initiation & Circumcision	Ternary 1
Moribayassa	Malinke	Northeast Guinea	Women	Binary
Balakulandjan	Malinke	Northeast Guinea	Initiation & Circumcision	Binary
Seneföli	Malinke	Northeast Guinea	Profession	Binary
Toro	Malinke	Northeast Guinea	Initiation & Circumcision	Binary
Denadon	Malinke	Northeast Guinea	Popular	Binary
Djole	Temine / Mandenyi	Southwest Guinea	Popular	Binary

Djembe 2 accompaniment rhythms for Seneföli, Moribayassa, Balakulandjan, Toro and Denadon are the same. Typically, most songs that are from the Malinke region of Northeast Guinea will have this accompaniment rhythm, thus it is also known as the 'popular' rhythm.

1	e	&	a	2	e	&	a	3	e	&	a	4	e	&	a
X		X	X	O	O	X		X		X	X	O	O		
R		L	R	R	L	R		L		R	L	R	L		

The technique for Moribayassa's and Balakulandjan's Djembe 1 accompaniment rhythms are very similar, but they have to be seen differently as traditionally Moribayassa is to be played fast and Balakulandjan is a moderate tempo song.

	1	e	&	a	2	e	&	a	3	e	&	a	4	e	&	a
Balakulandjan	B	O	O		X				O	O			X			
	R	R	L		R				R	L			R			
Moribayassa	B	O	O	B	X		B		O	O	B		X			
	R	R	L	R	R		R		R	L	R		R			

LEVEL APPRAISEMENT RHYTHMS

DJEMBE LEVEL 1 POINTERS

It is easy to be confused with Toro's and Denadon's Djembe 1 rhythms as their technique are very similar as well.

	1	e	&	a	2	e	&	a	3	e	&	a	4	e	&	a
Toro	O	O		B	X		X		X				B	X		X
	R	L		L	R		R		R				L	R		R
Denadon	X	X		B	O		O		X	X		B	O		O	
	R	L		L	R		R		R	L		L	R		R	

Many students tend to feel the left hand slap in Senefoli's Djembe 1 rhythm should be played with the right hand instead. Traditionally this rhythm is played fast and it is necessary for that slap to be played by the left hand in order to play fast.

1	e	&	a	2	e	&	a	3	e	&	a	4	e	&	a
X		O	O	X		X		X		O	O	X		X	
R		R	L	R		L		R		R	L	R		L	
				↑								↑			

LEVEL APPRAISEMENT RHYTHMS

DJEMBE LEVEL 2 POINTERS

Rhythms	Ethnic	Region	Type	Feel
Soko	Malinke	Central Guinea	Initiation & Circumcision	Ternary 2
Fe	Malinke	Northeast Guinea	Popular	Binary
Soliwoulen	Malinke	Northeast Guinea	Mask	Binary
Fankani	Malinke	Northeast Guinea	Popular	Binary
Djagbe	Malinke	Northeast Guinea	Popular	Binary
Soli Lent	Malinke	Northeast Guinea	Initiation & Circumcision	Binary
Kuku	Manian	Southeast Guinea	Popular	Binary

Djembe 1 accompaniments for Fè 1, Soliwoulen, Fankani and Djagbe each start with right slap, followed by left slap. However, they are not the same technique entirely and it is important to not get confused when studying these rhythms together.

	1	e	&	a	2	e	&	a	3	e	&	a	4	e	&	a
Fe	X (R)			X (L)	O (R)	O (L)	X (R)		X (L)					O (R)	O (L)	
Soliwoulen	X (R)		X (L)	X (R)	X (L)	O (R)	O (L)	X (R)	X (L)		X (R)		X (L)	O (R)	O (L)	
Fankani	X (R)			X (L)	X (R)	B (R)	X (R)		O (R)	O (L)	X (R)		B (R)			
Djagbe	X (R)			X (L)	X (R)	O (R)	O (L)	X (R)	B (R)	X (L)	X (R)		O (R)	O (L)		

Copyright © TAM TAM Mandingue International

LEVEL APPRAISEMENT RHYTHMS

DJEMBE LEVEL 2 POINTERS

The rhythm for Djagbe's Djembe 1 and Soli Lent's Djembe 2 rhythms are the same, but they have to be seen differently as traditionally Djagbe is to be played fast and Soli Lent is to be played slow.

	1	e	&	a	2	e	&	a	3	e	&	a	4	e	&	a
Djagbe Djembe 1	X		X	X		O	O	X		B	X	X		O	O	
	R		L	R		R	L	R		R	L	R		R	L	
Soli Lent Djembe 2	X		X	X		O	O	X		B	X	X		O	O	
	R		L	R		R	L	R		R	L	R		R	L	

Many students tend to feel the left hand slap in Soliwoulen's Djembe 1 rhythm should be played with the right hand instead. Traditionally this rhythm is played fast and it is necessary for that slap to be played by the left hand in order to play fast.

1	e	&	a	2	e	&	a	3	e	&	a	4	e	&	a
X		X	X		X	O	O	X		X	X		X	O	O
R		L	R		L	R	L	R		L	R		L	R	L
		↑								↑					

DJEMBE LEVEL 3 POINTERS

LEVEL APPRAISEMENT RHYTHMS

Rhythms	Ethnic	Region	Type	Feel
Kassa	Malinke	Northeast Guinea	Profession	Binary
Sofa	Malinke	Northeast Guinea	Warrior	Binary
Dansa/Djansa	Kassounké	Mali	Popular	Binary
Sunun	Kassounké	Mali	Popular	Binary
Sorsornet w/break	Baga	West Guinea	Mask	Ternary 1
Kakilambe	Baga	West Guinea	Mask	Ternary 2
Soli des Manian	Manian	Southeast Guinea	Initiation & Circumcision	Ternary 2

Djembe 2 rhythms for Kassa, Sofa, Dansa and Sunun are the same.

1	e	&	a	2	e	&	a	3	e	&	a	4	e	&	a
X		X	X			O	O	X		X	X			O	O
R		L	R			R	L	R		L	R			R	L

Djembe 1 accompaniments for Kassa, Sofa, Dansa, and Sunun each start with two tones and two slaps. However, they are not the same technique entirely and it is important to not get confused when studying these rhythms together.

	4	e	&	a	1	e	&	a	2	e	&	a	3	e	&	a	4	e	&	a
Kassa					O	O	X	X		X	X	O	O	X	X	B		X	X	
					R	L	R	L		R	L	R	L	R	L	R		R	L	
Sofa					O	O	X	X		X		O	O		X	B		X		
					R	L	R	L		R		R	L		R	R		R		
Dansa	O	O	X	X		X	X		O	O	X		B		X	B	O	O		
	R	L	R	L		L	R		R	L	R		R		R	L	R	L		
Sunun		O	O		X	X		X	O	O		X	X	B		X	O			
		L	R		R	L		R	L	R		R	L	R		R	L			

LEVEL APPRAISEMENT RHYTHMS

DJEMBE LEVEL 3 POINTERS

When practicing Sorsornet, it helps to listen to the sangban when playing 2nd and 3rd djembe accompaniments. The tones of both djembe rhythms match in time with the open tone of the sangban.

Djembe 3

1	&	a	2	&	a	3	&	a	4	&	a
X	X	X	X	O	O	X	X	X	X	O	O
R	L	R	L	R	L	R	L	R	L	R	L

Sangban

1	&	a	2	&	a	3	&	a	4	&	a
x	-	x	-	x	-	x	-	x	-	x	-
X			O			X			O		

Djembe 2

1	&	a	2	&	a	3	&	a	4	&	a
X			X	O	O	X			X	O	O
R			L	R	L	R			L	R	L

When practicing Kakilambe, it helps to listen to the sangban when playing 1st djembe accompaniment, as both their rhythm phrases are the same.

Djembe 1

1	&	a	2	&	a	3	&	a	4	&	a
B			O	X		B			O	X	
R			L	R		R			L	R	

Sangban

1	&	a	2	&	a	3	&	a	4	&	a
x	x	-	x	x	-	x	x	-	x	x	-
X			O	O		X			O	O	

LEVEL APPRAISEMENT RHYTHMS

DUNUN LEVEL 1 POINTERS

Rhythms	Ethnic	Region	Type	Feel
Djole	Temine / Mandenyi	Southwest Guinea	Popular	Binary
Moribayassa	Malinke	Northeast Guinea	Women	Binary
Soli Lent	Malinke	Northeast Guinea	Initiation & Circumcision	Binary
Sofa	Malinke	Northeast Guinea	Warrior	Binary
Fe	Malinke	Northeast Guinea	Popular	Binary
Kuku	Manian	Southeast Guinea	Popular	Binary
Garange Don	Bambara	Mali	Profession	Ternary 1

In acquiring dunun technique, it is recommended to look at all the dunun rhythms in level 1 and start from technically easy parts before moving on to more challenging rhythms. In other words, students should learn all the parts before putting them together as part of a drum song. For a start, let's look at all bell rhythms as two types of patterns: single-beats and double-beats.

Single-beats bell pattern example:

1	e	&	a	2	e	&	a	3	e	&	a	4	e	&	a
x	-	x	-	x	-	x	-	x	-	x	-	x	-	x	-
O				O				O				O			

Double-beats bell pattern example:

1	e	&	a	2	e	&	a	3	e	&	a	4	e	&	a
x	-	x	x	-	x	x	-	x	-	x	x	-	x	x	-
O						O		O						O	

Next, we look at single-beats bell pattern with muted drum sound and double-beats bell pattern with muted drum sound.

Single-beats bell pattern with muted drum sound example:

1	e	&	a	2	e	&	a	3	e	&	a	4	e	&	a
x	-	x	-	x	-	x	-	x	-	x	-	x	-	x	-
X						O		X						O	

Double-beats bell pattern with muted drum sound example:

1	e	&	a	2	e	&	a	3	e	&	a	4	e	&	a
x	-	x	x	-	x	x	-	x	-	x	x	-	x	x	-
		O	O	X						O	O			X	

LEVEL APPRAISEMENT RHYTHMS

DUNUN LEVEL 1 POINTERS

In learning level 1 dunun rhythms, the following sequence is suggested as a progressive way of learning dunun technique.

Step 1: Single-beats bell pattern dunun parts

Rhythm	Single-beats bell pattern
Djole	Dunumba
Moribayassa	Kenkeni
Fe	Kenkeni

Step 2: Single-beats bell pattern with muted drum sound dunun parts

Rhythm	Single-beats bell pattern with muted drum sound
Djole	Sangban
Moribayassa	Sangban
Soli Lent	Sangban

Step 3: Double-beats bell pattern dunun parts

Rhythm	Double-beats bell pattern
Djole	Kenkeni
Moribayassa	Dunumba
Soli Lent	Kenkeni, Dunumba
Sofa	Dunumba
Fe	Dunumba
Kuku	Kenkeni, Dunumba
Garange Don	Kenkeni, Dunumba

Step 4: Double-beats bell pattern with muted drum sound dunun parts

Rhythm	Double-beats bell pattern with muted drum sound
Sofa	Sangban, Kenkeni
Fe	Sangban
Kuku	Sangban
Garange Don	Sangban

LEVEL APPRAISEMENT RHYTHMS

DUNUN LEVEL 2 POINTERS

Rhythms	Ethnic	Region	Type	Feel
N'Goron	Senufo	Ivory Coast / Burkina Faso	Initiation & Circumcision	Binary
Kassa	Malinke	Northeast Guinea	Profession	Binary
Denadon	Malinke	Northeast Guinea	Popular	Binary
Toro	Malinke	Northeast Guinea	Initiation & Circumcision	Binary
Soliwoulen	Malinke	Northeast Guinea	Mask	Binary
Dansa / Djansa	Kassounké	Mali	Popular	Binary
Kakilambe	Baga	West Guinea	Mask	Ternary 2

In this level, the essential parts for focus are on double-beats bell pattern and double-beats bell pattern with muted drum sound. Suggested parts for focus are as follows:

Double-beats bell pattern dunun parts

Rhythm	Double-beats bell pattern
Kassa	Dunumba
Denadon	Dunumba
Toro	Dunumba
Djansa / Dansa	Dunumba
Kakilambe	Dunumba

Double-beats bell pattern with muted drum sound dunun parts

Rhythm	Double-beats bell pattern with muted drum sound
Kassa	Sangban, Kenkeni
Denadon	Sangban
Toro	Sangban
Soliwoulen	Sangban
Dansa / Djansa	Sangban
Kakilambe	Sangban, Kenkeni

LEVEL APPRAISEMENT RHYTHMS

DUNUN LEVEL 3 POINTERS

Rhythms	Ethnic	Region	Type	Feel
Fankani	Malinke	Northeast Guinea	Popular	Binary
Seneföli	Malinke	Northeast Guinea	Profession	Binary
Djagbe	Malinke	Northeast Guinea	Popular	Binary
Soli Rapide	Malinke	Northeast Guinea	Initiation & Circumcision	Ternary 1
Konden	Malinke	Northeast Guinea	Mask	Ternary 1
Soko	Malinke	Central Guinea	Initiation & Circumcision	Ternary 2
Tiriba	Landuma	West Guinea	Popular	Ternary 2
Sorsornet w/break	Baga	West Guinea	Mask	Ternary 1

After completing level 2 dunun, students will have established a foundation in dunun playing. The focus from this level onwards is the ability to hear the interplay of the three dunun patterns for every song. For every song, it is useful to choose one dunun part as the main reference for all other parts. This will help in understanding the dunun melody. Having a clear understanding of the intricate dunun interplay at this level facilitates a fluid style of playing. The following are suggested sequences for learning the respective dunun parts for level 3 rhythms. The 1st dunun part to learn shall be considered the reference point for that rhythm. The 2nd and 3rd dunun parts shall be practiced in the suggested sequence as well. In doing so students shall find it easy to understand the complete dunun melody.

Rhythms	Practice 1st by itself (reference part)	Practice with 1st part	Add this last for 3 dunun practice
Fankani	Kenkeni	Dunumba	Sangban
Seneföli	Dunumba	Sangban	Kenkeni
Djagbe	Kenkeni	Dunumba	Sangban
Soli Rapide	Dunumba	Sangban	Kenkeni
Konden	Dunumba	Kenkeni	Sangban
Soko	Dunumba	Sangban	Kenkeni
Tiriba	Sangban	Dunumba	Kenkeni
Sorsornet w/break	Sangban	Kenkeni	Dunumba

Note: *Traditionally, the Sangban part is the key part for most rhythms. The suggested reference part in the above diagram does not represent the key part of the respective rhythm. It also does not represent the role of a timekeeper. The suggested reference part serves as a part that is easy to listen to when trying to understand the dunun interplay of each rhythm.*

TAM TAM MANDINGUE DJEMBE ACADEMY LEVEL APPRAISEMENT

PROGRESS CHART

Student name: _____

Levels	Teacher Appraising Validation	Remarks	Date
Djembe Level 1			
Djembe Level 2			
Djembe Level 3			
Dunun Level 1			
Dunun Level 2			
Dunun Level 3			

WESTERN NOTATION

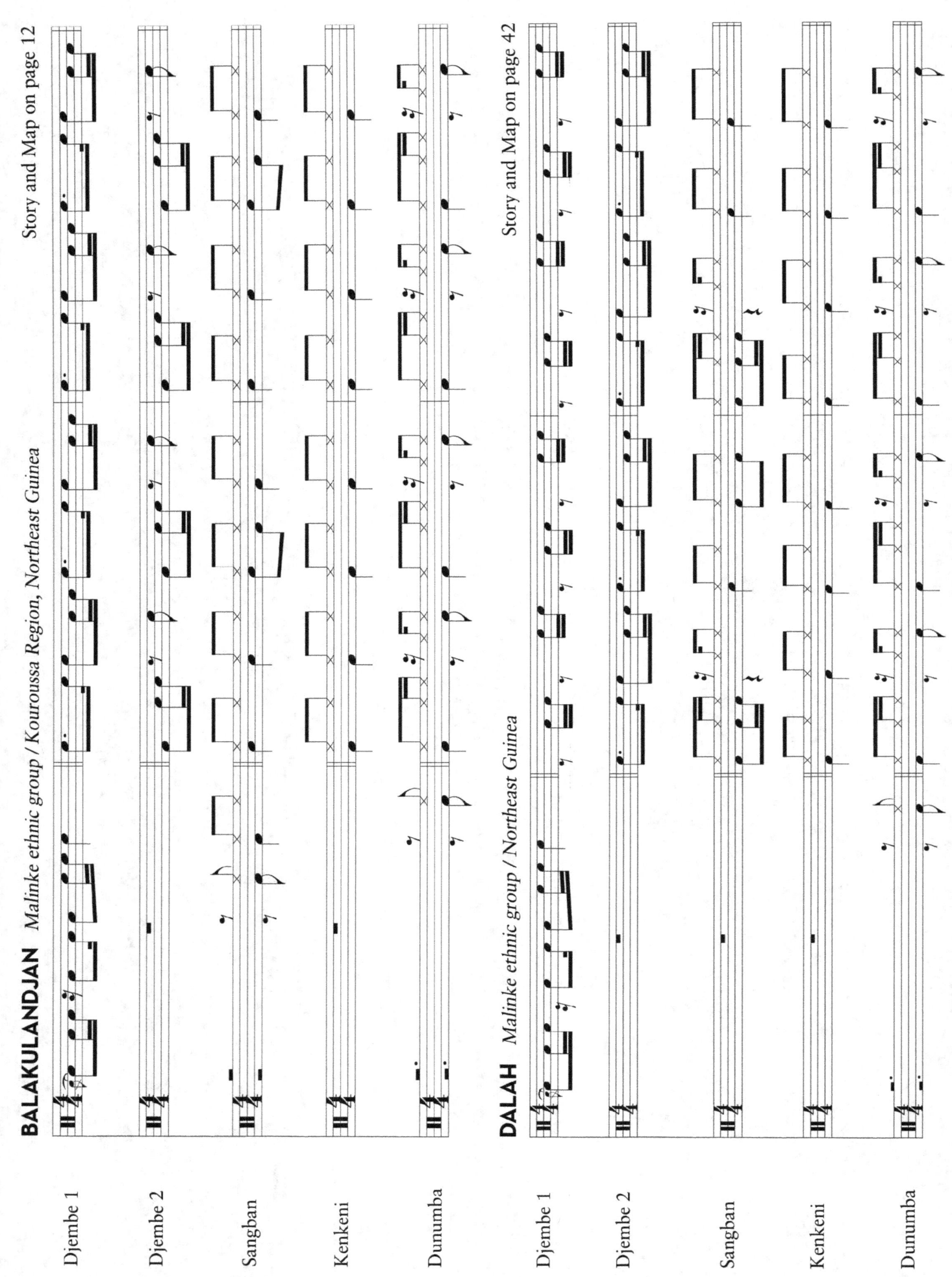

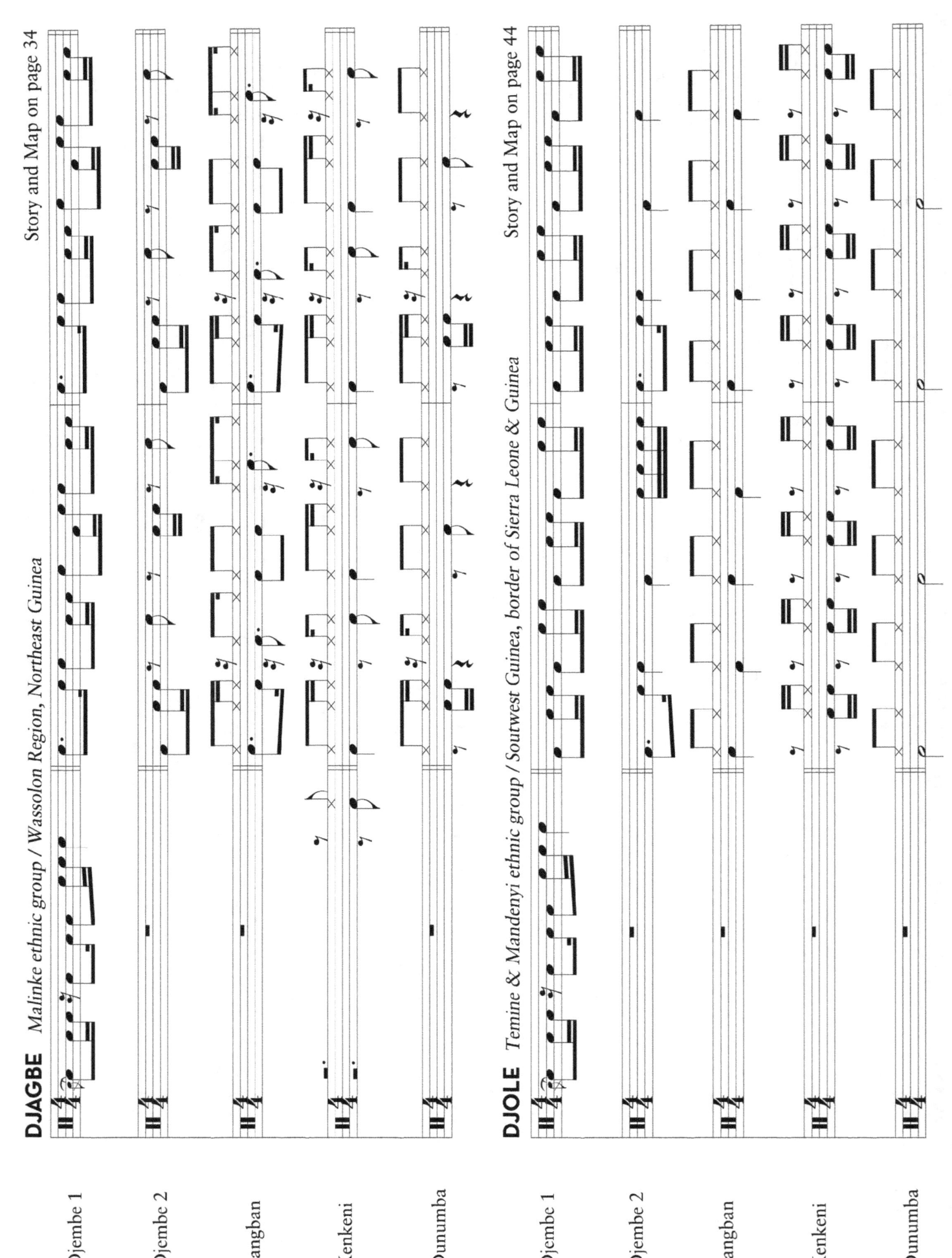

FANKANI *Malinke ethnic group / Wassolon Region, Northeast Guinea*

Story and Map on page 32

Djembe 1

Djembe 2

Sangban

Kenkeni

Dunumba

FE 1 *Malinke ethnic group / Northeast Guinea*

Story and Map on page 36

Djembe 1

Djembe 2

Sangban

Kenkeni

Dunumba

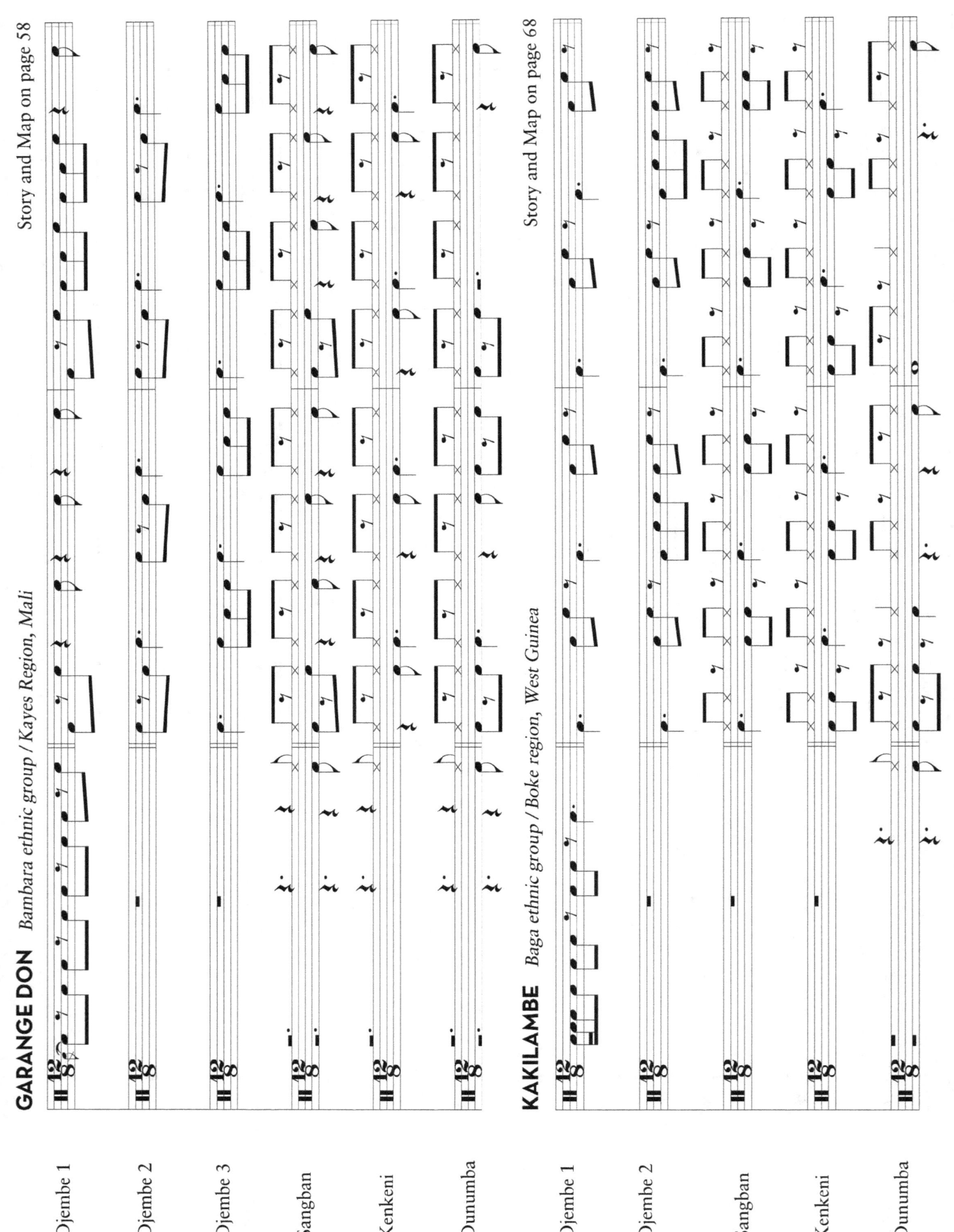

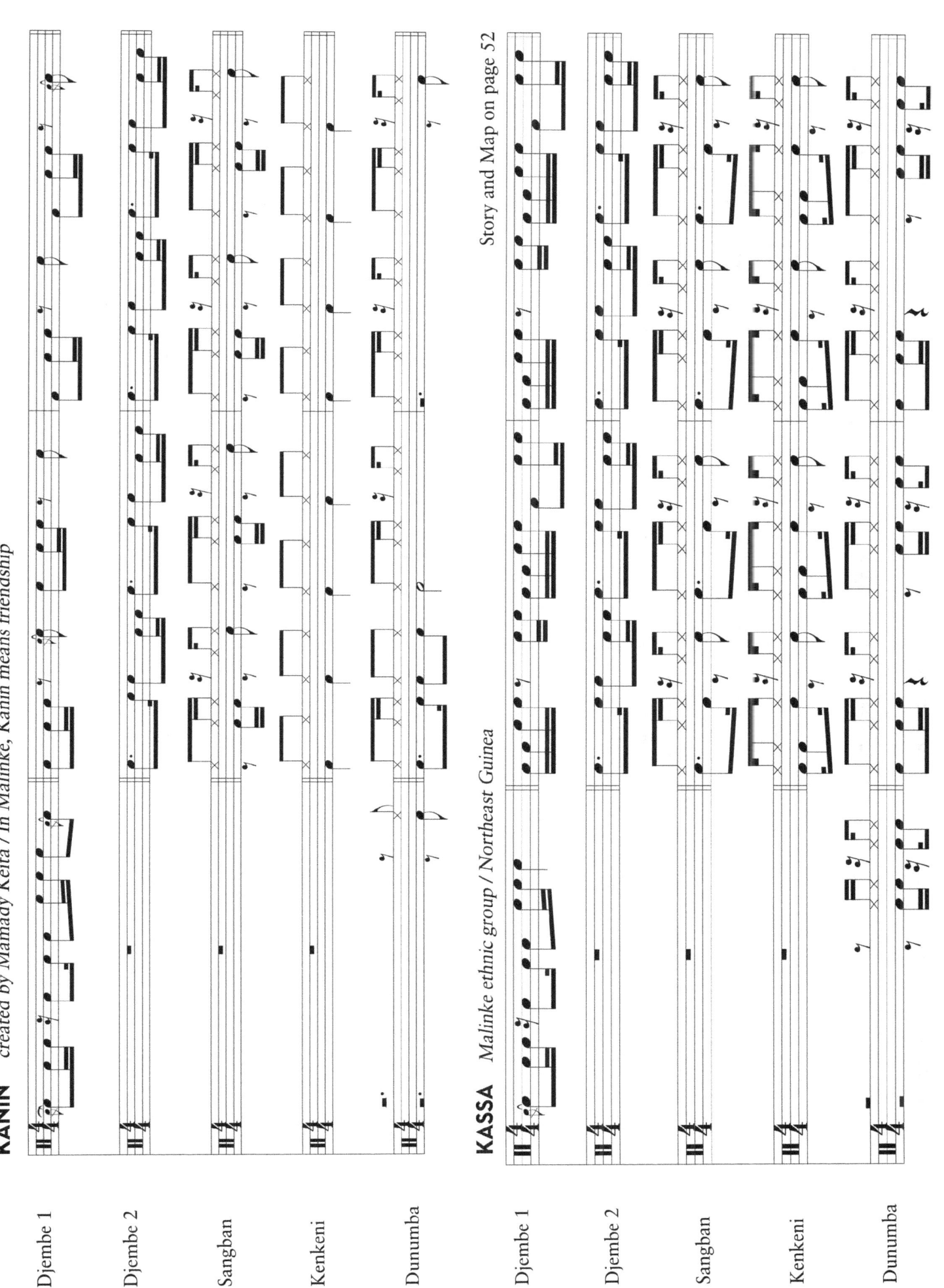

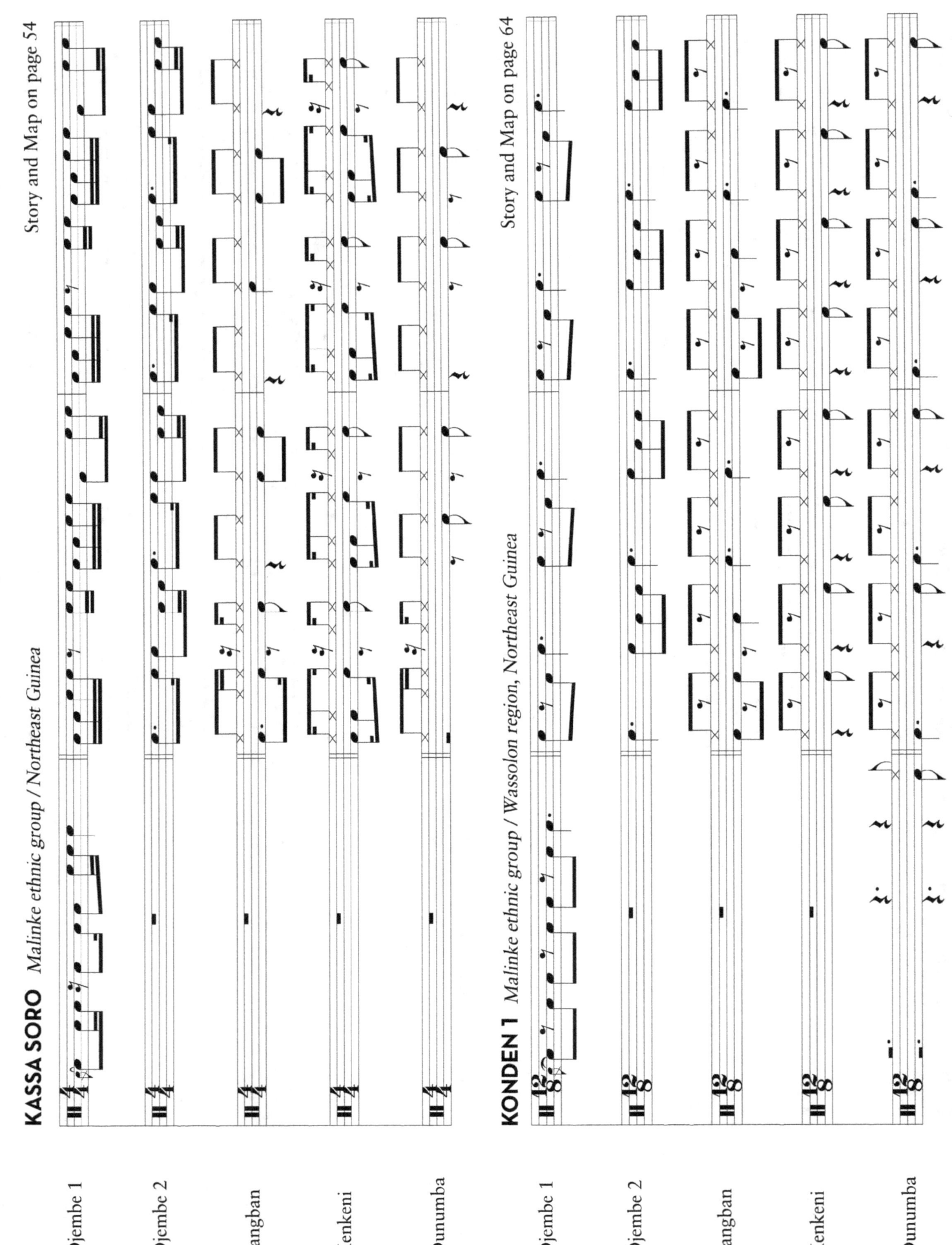

KUKU
Manian (Forest Guinea) & Koyaka (Ivory Coast) ethnic group / Southeast Guinea border with Ivory Coast

Djembe 1

Djembe 2

Djembe 3

Djembe 4

Sangban

Kenkeni

Dunumba

Story and map on page 40

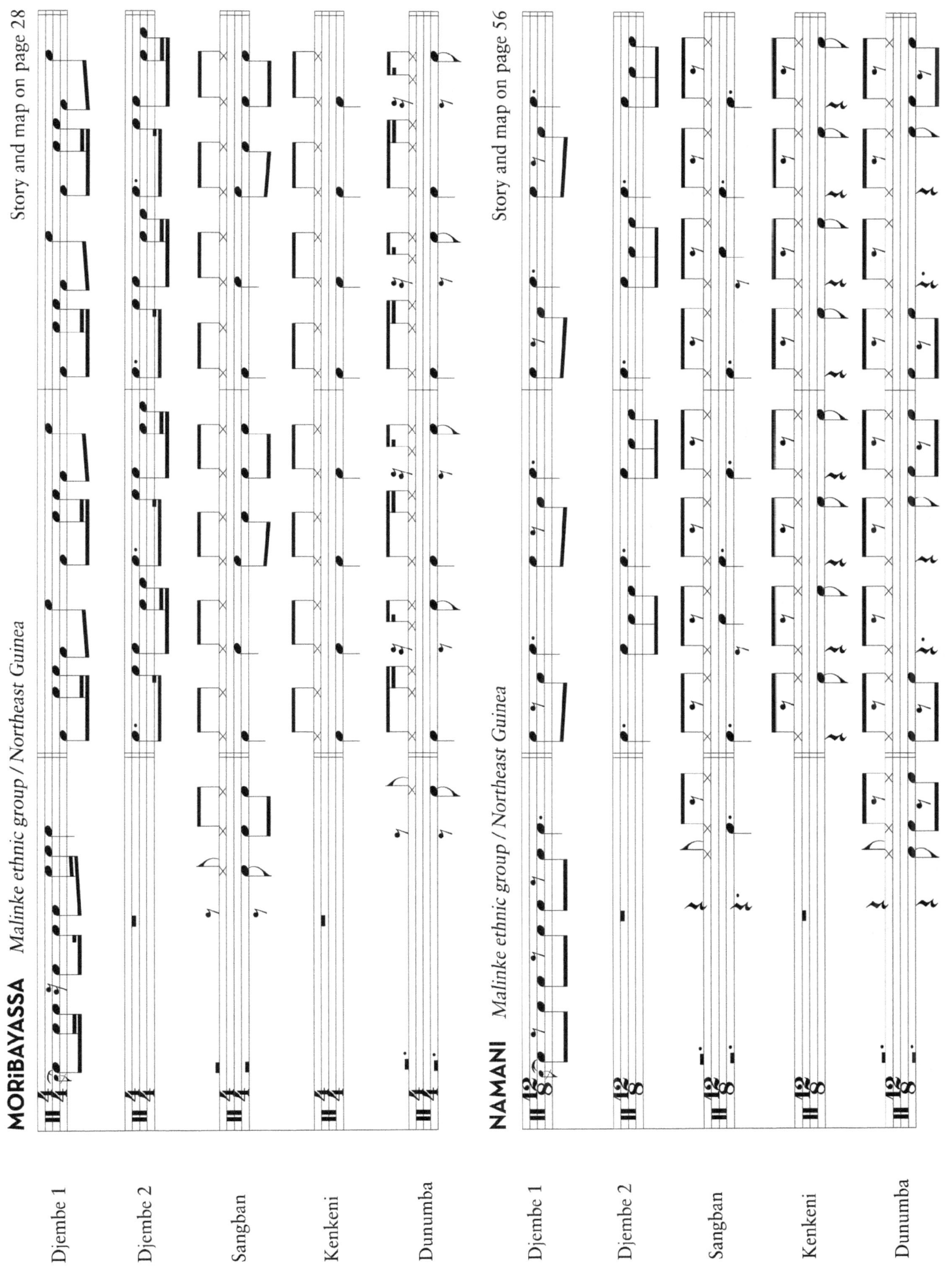

SENEFOLI *Malinke ethnic group / Northeast Guinea*

Story and map on page 50

Djembe 1
Djembe 2
Sangban
Kenkeni
Dunumba

SOFA *Malinke ethnic group / Northeast Guinea*

Story and map on page 60

Djembe 1
Djembe 2
Sangban
Kenkeni
Dunumba

SOLI RAPIDE — Malinke ethnic group / Northeast Guinea

Story and map on page 16

Djembe 1

Djembe 2

Sangban

Kenkeni

Dunumba

SUNUN — Kassounke ethnic group / Kayes Region, Mali

Story and map on page 46

Djembe 1

Djembe 2

Sangban

Kenkeni

Dunumba

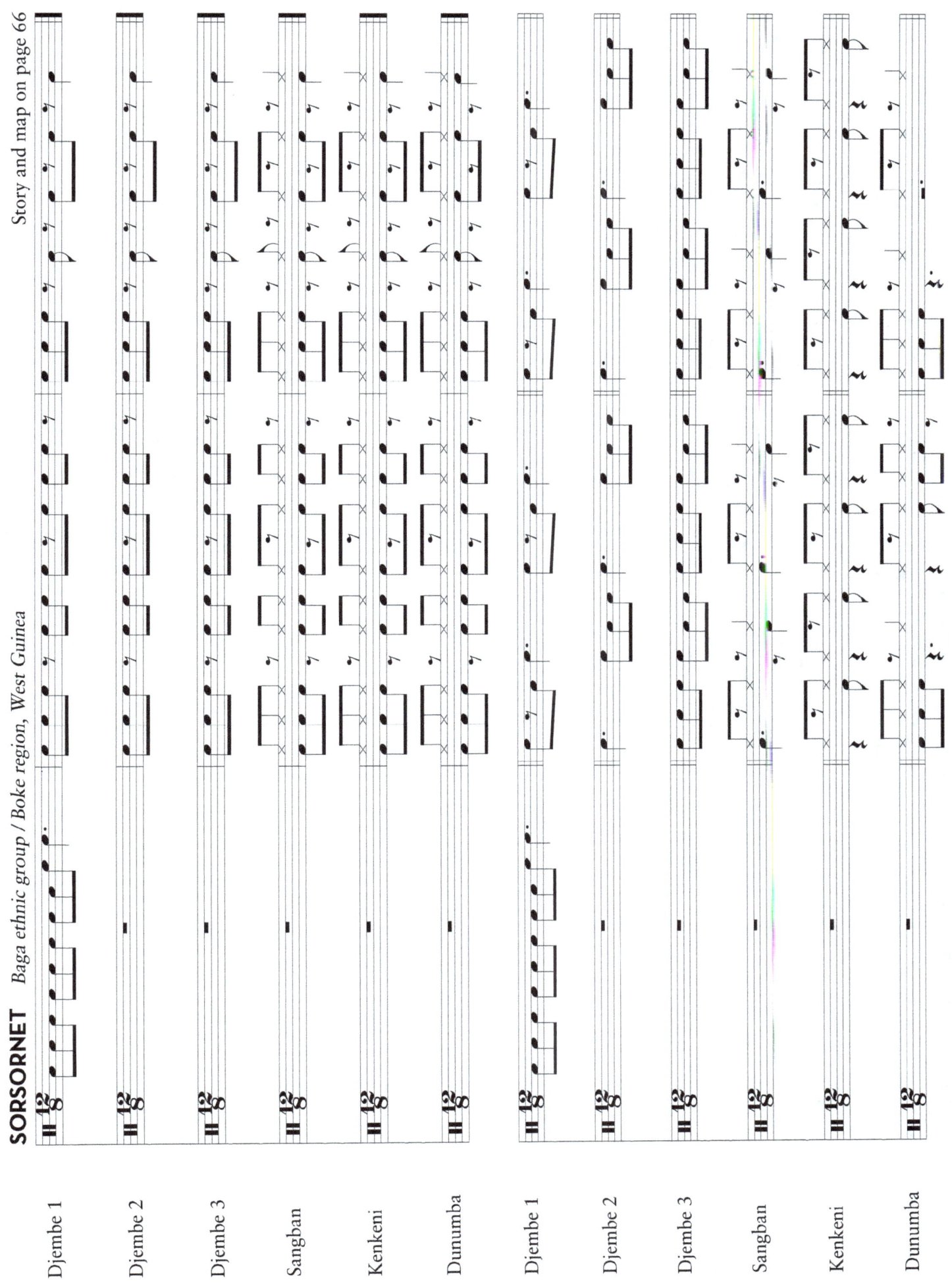

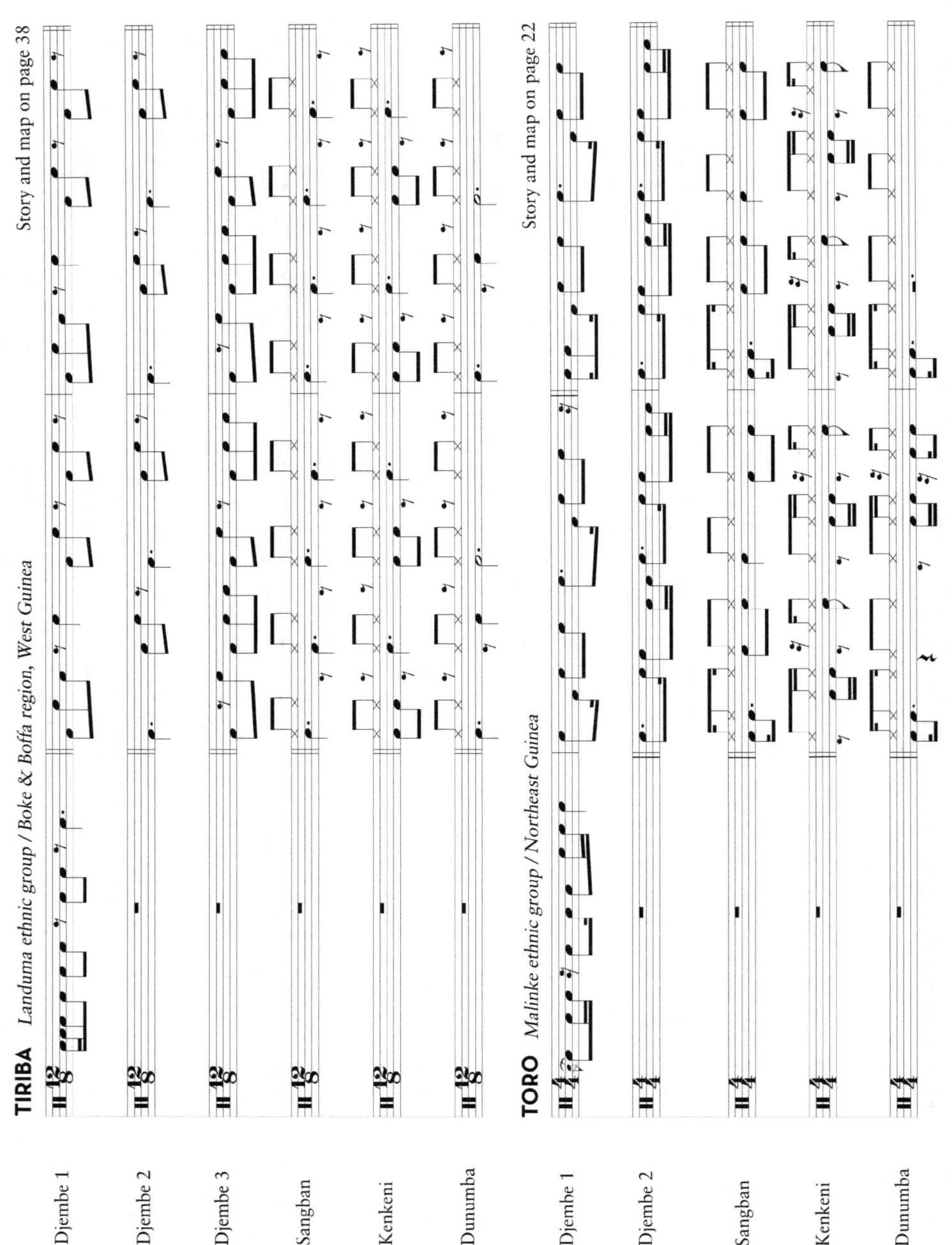

Editorial Coordination:
YUYI GUAJARDO / KELVIN KEW

Musical Transcription & Notation:
KELVIN KEW / PIERRE CHAILLAN

Concept Design & Cover Artwork:
ÓSCAR ESTRADA

Special thanks to:
COLLEEN CAFFREY / BILL SCHEIDT
MICHAEL TAYLOR / WOLF MURPHY

Maps used with permission from
Nations Online Project.

www.ingramcontent.com/pod-product-compliance
Lightning Source LLC
Chambersburg PA
CBHW081430070526
44586CB00020B/2547